Anselm Grün

Geschwisterbande

Anselm Grün

GESCHWISTER BANDE

Eine ganz besondere Beziehung

Vier-Türme-Verlag

bene!

INHALT

GESCHWISTERBANDE

Als ich angefangen habe, über das Thema Geschwister nachzudenken, hörte ich auf einmal viele Geschichten. Die Leute erzählten von ihren Erfahrungen mit den Geschwistern.

Und ich merkte, dass ich in der Begleitung Einzelner jetzt immer auch nach den Geschwistern fragte. Denn die persönliche Situation, in der sich jemand befindet, ist immer auch abhängig von seiner Beziehung zu seinen Geschwistern. Wenn ich Führungsseminare halte, erkenne ich in den Gesprächen, wie die Beziehung zu den Geschwistern sich auch auswirkt auf die Beziehung zu den Mitarbeitern, zu den Chefs und den Kollegen im Führungsgremium. Oft hängen Konflikte mit Mitarbeitern mit nicht gelösten Konflikten zwischen Geschwistern zusammen. Alle fordern von Führungskräften, dass sie Empathie für ihre Mitarbeiter aufbringen sollen. Aber wenn jemand keine Geschwister hatte, fehlt ihm die natürliche Entwicklung der Empathie. Denn im Miteinander der Geschwister lernen wir, mit den andern zu fühlen und sie zu verstehen.

Wenn ich mich an die vielen Erzählungen über Geschwister erinnere, dann freue ich mich über die guten Erfahrungen, die viele gemacht haben. Viele sind dankbar: Die Geschwister halten zusammen. Nach dem Tod der Eltern kann sich jeder auf seine Brüder und Schwestern verlassen. Alle treffen sich gerne. Und wenn einer in Not ist, darf er auf die Hilfe der andern hoffen. Sie stützen und tragen einander. Wenn einer von den älteren Geschwistern einen runden Geburtstag feiert, kommen auch die Kinder und Enkel. Weil die Geschwister zusammenhalten, hält die ganze Großfamilie zusammen. Man freut sich aneinander und fühlt sich getragen von seiner Familie.

Doch ich hörte auch von vielen anderen Erfahrungen. Da gibt es Konflikte zwischen den Geschwistern. Der eine ist neidisch auf den andern, weil er es weiter gebracht hat. Eine Schwester ist alkoholkrank und kümmert sich nicht um die anderen Geschwister. Aber sie erwartet ständig finanzielle Unterstützung, sowohl von den Eltern als auch von den Geschwistern. Wenn man ihr nicht hilft, dann klagt sie: »Alle sind gegen mich!« Sie möchte ihr Alkoholproblem nicht anschauen und ist vor allem neidisch auf die ältere Schwester, die etwas aus ihrem Leben gemacht hat.

Ein junger Mann erzählt, dass er sich schon als Kind mutterseelenallein gefühlt hat, obwohl er einen älteren Bruder und eine jüngere Schwester hat. Aber die beiden hatten keinen Draht zu ihrem Bruder. Er galt für sie als Außenseiter. Wenn die Mutter heute Geburtstag feiert, dann fühlt sich der junge Mann völlig ausgeschlossen. Seine Schwester ignoriert ihn. Und mit seinem Bruder kommt kaum ein Gespräch zustande. Nur seine Mutter versucht, ihn in die Familie zu integrieren. Aber offensichtlich hat sie keinen Erfolg.

Die jüngste Tochter des jungen Mannes spürt diese Atmosphäre. Sie bekam einmal, so berichtet ihr Vater, so heftiges Kopfweh, dass er mit ihr und seinem Sohn schon nach einer Stunde die Geburtstagsgesellschaft verlassen musste. Es ging einfach nicht zusammen. Selbst die Enkelkinder der Großmutter spürten, dass da etwas nicht stimmt.

Andere erzählen, dass die Familie früher immer zusammengehalten hat. Doch jetzt hat die Schwester einen Mann geheiratet, der die ganze Familie spaltet. Er redet seiner Frau ein, dass sie von ihren Eltern immer benachteiligt worden ist, dass die Eltern in der Erziehung viele Fehler gemacht haben. Auf einmal wendet sich die Tochter gegen die Eltern, und sie will auch von ihren Geschwistern nichts mehr wissen. Nach einer heftigen Aussprache hat sie ihnen sogar Hausverbot erteilt. Offensichtlich hat sie Angst, dass ihre Geschwister sie verunsichern könnten in ihrer Haltung. Sie hat sich in ihre negative Haltung so hineingesteigert, dass sie niemanden aus der Familie mehr an sich heranlässt.

Das gute Miteinander wird gestört durch Rivalitäten unter den Geschwistern, in anderen Fällen durch die Ehepartner, die manchmal die Harmonie zwischen den Geschwistern trüben und oft sogar einen Keil zwischen sie treiben. Weil ihr Bruder seinen Schwager einmal kritisiert hat, hat die Schwester den Kontakt zu ihm abgebrochen.

Oft entsteht bei den Erbauseinandersetzungen Streit. Die Familie dachte, sie würden immer zusammenhalten. Doch sobald es darum geht, das Erbe gerecht aufzuteilen, tauchen die Rivalitäten zwischen den Geschwistern auf. Was lange harmonisch wirkte, war doch nur ein Deckmantel, den man über alte Konflikte gebreitet hatte. Jetzt treten die Konflikte, die man lange verdrängt hatte, offen hervor. Auch hier werden die Auseinandersetzungen durch angeheiratete Schwager und Schwägerinnen noch erschwert und oft auch erst durch sie richtig angestachelt.

Bei Gesprächen erfahre ich von den verschiedensten Geschwisterkonstellationen. Da gibt es Geschwister, die sich gegenseitig stützen. Sie fühlen sich getragen durch die Familie. Die Geschwister haben Freude aneinander. Es gibt dabei immer einen Lieblingsbruder, eine Lieblingsschwester, mit der man sich besonders gut versteht, mit der man alle seine Probleme besprechen kann. Dann gibt es Geschwister, die nur noch einen lockeren Kontakt zueinander haben. Man streitet nicht. Aber man hat auch nicht allzu viel Interesse aneinander. Oft erzählen mir Menschen, denen ich begegne, dass die Beziehung zum Bruder oder zur Schwester sozusagen nur noch auf Sparflamme aufrechterhalten wird. Man kann sich bei gemeinsamen Familienfeiern treffen. Aber es entsteht kein persönliches Gespräch. Man wahrt die Fassade von Freundlichkeit. Aber eigentlich hat man sich nichts mehr zu sagen.

Andere haben gar keinen Kontakt mehr zum Bruder oder zur Schwester. Man geht auf Distanz, um sich zu schützen, weil man sich immer wieder aufs Neue verletzt oder kleingemacht fühlt. Über die Jahre ist eine hasserfüllte Feindschaft entstanden. Man bekämpft sich gegenseitig. Man korrespondiert nur noch über Rechtsanwälte. Immer wieder höre ich, wenn ich Menschen begleite, von solchen Fällen. Die Folgen solcher hasserfüllten Beziehungen sind oftmals: Man fühlt sich verletzt, allein, einsam. Ohne die Familie gibt es keinen wirklichen Halt mehr. Die Geschwisterbande, das Familiengefüge ist zu einer Belastung geworden, die einem viel Lebensenergie raubt.

Wenn ich mir solche Geschichten anhöre, bin ich umso dankbarer für meine Familie. Wir sind sieben Geschwister. Wir verstehen uns gut. Wir kommen gerne zu Familienfeiern zusammen. Und auch sonst haben wir immer wieder Kontakt miteinander. Alle fünf Jahre gibt es dann größere Treffen mit all den Cousinen und Cousins, die Verwandtschaft von unseren Müttern her, die aus der Eifel stammen. Meine älteste Schwester, Marie Luise, ist leider letztes Jahr gestorben. Lange habe ich um sie getrauert.

Je älter wir werden, desto wertvoller werden uns Geschwistern solche Treffen. Wir freuen uns aneinander, geben und nehmen Anteil an Freud und Leid.

Immer wieder höre ich zum Glück von einem ähnlichen Zusammenhalt in anderen Familien. Da gibt es doch auch viele Geschwister, die sich nach dem Tod ihrer Eltern gegenseitig stützen. Die Menschen in diesen Familien fühlen sich nicht allein. Sie sind getragen durch ihre Geschwister und deren Ehepartner.

Wenn ich an meine Familie denke und mir die vielen Geschichten von misslungenen Geschwisterbeziehungen anhöre, frage ich mich immer wieder: Was ist der Grund, dass eine Geschwisterbeziehung gelingt? Hängt es nur von den Eltern ab? Entstehen die Probleme durch die Andersartigkeit der Geschwister oder durch bestimmte Geschwisterkonstellationen? Oder projizieren manche ihre eigenen Probleme auf die andern? Weil sie das eigene Leben nicht gut bewältigen, vergleichen sie sich mit den Geschwistern und fühlen sich minderwertig. Diese Minderwertigkeit wird dann oft in Aggression gegen die andern ausagiert.

Wie können solche Probleme bewältigt werden? Was können Eltern dazu beitragen, dass ihre Kinder sich später vertragen? Und was ist der Auftrag der Geschwister für ein gelingendes Leben? Was ist die Herausforderung, der jeder Einzelne sich stellen muss? Welche Haltungen sind nötig, damit ein gutes Miteinander über lange Zeit bestehen kann?

Diesen Fragen möchte ich in diesem Buch nachgehen.

Jeder hat Erfahrungen mit Geschwistern. Denn selbst wenn jemand Einzelkind ist, kennt er genügend Freunde, die Geschwister haben. Oder er denkt an die Geschwister seiner Eltern und die Erfahrungen, die sich damit verbinden. Er freut sich an gelingenden Beziehungen. Aber er leidet auch, wenn die Beziehungen sich problematisch gestalten.

Wer keine Geschwister hat, kennt die Sehnsucht, einen Bruder oder eine Schwester zu haben, mit denen er sich austauschen kann, von denen er sich verstanden fühlt.

Die Erfahrungen, die ich in diesem Buch beschreibe, wird jeder mehr oder weniger für sich oder in seinem Umfeld gemacht haben.

Aber ich möchte mit diesem Buch nicht so sehr problematische Beziehungen und ihre psychischen Ursachen beschreiben. Vielmehr ist es mir ein Anliegen, in den Geschwistern die Sehnsucht nach einer guten Beziehung zu wecken. Die einen möchte ich bestärken in der Dankbarkeit für ihren guten geschwisterlichen Zusammenhalt. Allen, die an ihren Geschwisterkonflikten leiden, möchte ich Wege aufzeigen, wie sie mit schwierigen Beziehungen umgehen können, damit sie nicht ein Leben lang davon belastet werden. Und ich möchte verfeindete Geschwister dazu ermutigen, sich zu versöhnen. Dabei verzichte ich auf eine psychologische Analyse der Geschwisterkonflikte. Natürlich spielen psychologische Erkenntnisse immer auch eine Rolle dabei. Aber ich möchte die Menschen als Seelsorger ansprechen.

Die Beziehung zu den Geschwistern ist etwas anderes als die zu Freunden. Freundschaft ist auch eine Bedingung für das Gelingen des Lebens. Aber Freunde kann man sich aussuchen. Die Geschwister hat man. Geschwister sind die Menschen, die viele am längsten in ihrem Leben an ihrer Seite wissen. Das gibt den Geschwisterbeziehungen eine eigene Tiefe. Im Kreis der Geschwister lernt man die wichtigsten Schritte ins Leben. Man lernt, Konflikte anzuschauen und sich darin zu behaupten, ohne dass man die gute Beziehung zum andern verliert. Und man lernt auch, Rücksicht zu nehmen. Aber gerade weil man schon seit frühester Kindheit mit den Geschwistern zusammen ist, entstehen daraus auch viele Konflikte. Und diese Konflikte müssen bearbeitet werden, damit später ein gutes Miteinander wachsen kann.

Noch eine Vorbemerkung: Ich erzähle hier Geschichten, die mir Menschen anvertraut haben. Das tue ich natürlich mit einer gewissen Scheu. Auf der einen Seite weiß ich, dass konkrete Geschichten mehr transportieren als theoretische Überlegungen. Auf der anderen Seite habe ich die Menschen nicht gefragt, ob ich ihre Geschichten erzählen darf. Daher habe ich versucht, die Geschichten so zu anonymisieren, dass keiner erkennen kann, um wen es sich handelt. Nur wer seine Geschichte erzählt hat, wird sich vielleicht darin erkennen. Aber ich habe mich darum bemüht, die Geschichte so zu erzählen, dass sie für die Leser zu einem Gewinn wird. Und ich habe die Erzählungen wiedergegeben, ohne die Personen zu bewerten oder zu beurteilen. Die Personen, die in diesen Erzählungen vorkommen, sind Spiegel für viele andere. Sie verkörpern Typen von Menschen, in denen sich der Leser oder die Leserin wiederfinden kann.

1. GESCHWISTER IN DER BIBEL

Die Bibel erzählt uns viele Geschwister-Geschichten. Das zeigt, dass das Thema von Gelingen oder Misslingen von Geschwisterbeziehungen uralt ist. Wenn wir die alten Geschichten lesen, können wir durchaus unsere Situation heute darin wiedererkennen. Und wir entdecken in den Geschichten die Gründe für das Misslingen und Gelingen der Beziehungen. Erzählungen sind immer ein Spiegel, in dem wir uns selbst erkennen können. Die Bibel verherrlicht die Geschwisterbeziehungen nicht. Sie beschreibt Brüche, ja sogar das Scheitern der Beziehungen. Aber sie zeigt uns auch, wie gestörte Beziehungen wieder geheilt werden. Ich möchte einige Geschichten betrachten und sie im Licht heutiger Erfahrungen anschauen.

KAIN UND ABEL

Die erste biblische Geschwistergeschichte ist die zwischen Kain und Abel. Sie endet mit dem Tod des jüngeren Bruders. Kain, der Erstgeborene, erschlägt Abel, den Eva nach ihm geboren hatte, im Zorn.

Die tschechische Kinderpsychologin Jirina Prekop hat aus eigener Erfahrung ein Buch über die Problematik der Erstgeborenen geschrieben. Sie selbst stand als jüngere Schwester immer im Schatten ihrer älteren Schwester, die vielen als schöner, intelligenter, einfach perfekter galt. Daher war die Beziehung zu ihrer älteren Schwester lange Zeit nicht gut. Erst mit 70 Jahren konnten sie offen über ihre Geschwisterkonstellation sprechen.

Die ältere Schwester fühlte sich vom Thron gestoßen, als die jüngere Schwester geboren wurde. Sie versuchte, darauf zu antworten, indem sie sich durch Leistung in den Mittelpunkt stellte. Und sie sorgte scheinbar liebevoll für ihre jüngere Schwester. Aber tief im Innern erlebte sie sich zurückgesetzt. Die jüngere Schwester fühlte sich von der Mutter auch nicht genügend geliebt. Daher war ihr Weg, die Liebe der Mutter für sich zu bekommen, krank zu werden. Denn so hatte sie dann die Mutter wieder viel stärker um sich. Ihre ältere Schwester, Maruska, reagierte darauf, indem sie möglichst viel geleistet hat. Denn auch sie spürte ab diesem Zeitpunkt, dass sie nicht mehr so geliebt wurde wie zuvor.

Jirina Prekop erzählt vom Gebet eines vierjährigen Kindes: »Lieber Gott, ich danke dir für meine kleine Schwester. Ich habe aber nun schon genug mit ihr gespielt. Nimm sie bitte wieder zurück in den Himmel.«

Es gibt offensichtlich bei vielen Erstgeborenen den Wunsch, dass das nächstgeborene Kind sterben solle, damit man wieder die Aufmerksamkeit der Eltern auf sich ziehen kann.

Diesen Wunsch erkennen wir auch bei Kain, so wie die Bibel uns von ihm erzählt. Kain ist auf Abel neidisch. Es ist das Problem des Erstgeborenen, der aus dem Raum der ihm bislang allein geltenden Liebe herausgedrängt wird. Zum andern aber hat Kain den Eindruck, dass er den schwereren Beruf hat. Er ist Ackerbauer, während Abel als Schafhirte arbeitet. Der jüngere Bruder hat es damit vermeintlich leichter. Dieses Gefühl haben viele Erstgeborene: »Bei mir waren die Eltern immer streng. Meinem kleinen Bruder, meiner kleinen Schwester haben sie viel mehr erlaubt. Die hatten es viel einfacher.«

Dazu kommt, dass das Opfer des Abel von Gott als wohlgefällig angenommen wurde, das von Kain jedoch nicht.

Wir dürfen die Geschichte nicht so auslegen, als ob Gott den Abel bevorzugt und den Kain vernachlässigt hat. Es ist mehr das Gefühl des Erstgeborenen, dass der jüngere Bruder bevorzugt wird: von den Eltern, vom Schicksal, von Gott. Er wird mehr gesehen als der Erstgeborene. Dieses Gefühl, zurückgesetzt zu sein, es schwerer zu haben und weniger angesehen zu werden, erzeugt in Kain einen so starken Neid und einen solchen Zorn, dass er seinen Bruder erschlägt. Die Bibel beschreibt den emotionalen Zustand des Kain so: »Da überlief es Kain ganz heiß, und sein Blick senkte sich.« (Gen 4,5)

Der Zorn war wie Feuer in seiner Seele. Er beherrschte ihn so stark, dass er seinen Bruder nicht mehr offen anschauen konnte, sondern stattdessen zu Boden schaute. Der Drang, ihn zu töten, war schließlich so stark, dass er ihm nicht mehr Herr wurde. So kam es zur Tat.

Als Strafe für die Ermordung seines Bruders muss er fortan ruhelos herumlaufen. Gott schützt den Kain durch ein Kainsmal, sodass niemand ihn umbringen darf.

Karl König, ein Kinderarzt aus Wien, der nach seiner Emigration nach Schottland in Camphill eine heilpädagogische Einrichtung gegründet hat, beschreibt das Brüderpaar so: Kain muss den Fluch seines Vaters – »Verflucht sei der Acker« – auf sich nehmen. »Sein Rücken ist krumm und seine Schultern gebeugt unter der Last seines Schicksals, das er trägt.«[1]

Abel hingegen »ist ein Träumer. Er horcht auf die Stimme seiner Stimmungen und Gefühle. Er folgt dem Fluge seiner Gedanken und sehnt sich zurück in die Heimat, aus der er einst gekommen war.«[2] Karl König meint, jeder Erstgeborene trage etwas von Kain an sich und jeder Zweitgeborene Züge Abels.

Kain lebt die Pflicht. Abel nimmt das Leben leichter. Doch mir scheint es gefährlich zu sein, wenn man die Erstgeborenen, Zweitgeborenen oder Drittgeborenen zu sehr auf eine bestimmte Rolle festlegt. Natürlich kann man sich fragen, was typische Merkmale der Geschwister sind, je nachdem, wie sie in der Abfolge der Kinder in der Familie geboren wurden. Aber jedes Kind ist auch einmalig. Wenn ich versuche, meine eigenen Geschwister allzu sehr nach einem vorgegebenen Schema einzuordnen, werde ich ihnen nicht gerecht.

Ich möchte einfach jedes meiner Geschwister so sehen, wie es ist.

König meint, dass nicht die emotionale Intelligenz der Kinder verschieden ist, sondern das soziale Verhalten. Das kann durchaus sein. Aber entscheidender als der Charakter jedes einzelnen Geschwisters ist für mich, wie sie zueinander stehen. Ob sie bereit sind, ihre Verschiedenheit zu akzeptieren, sodass jedes der Geschwister seinen Platz in der Familie findet und niemand bevorzugt wird.

Es kann hilfreich sein, sich zu fragen, was typisch ist für den Erstgeborenen, den Zweitgeborenen oder den Drittgeborenen. Für König gibt es nur diese Kategorien. Das vierte Kind ist für ihn wieder Erstgeborener, das fünfte Zweitgeborener und das sechste Drittgeborener. Aber wir sind dann immer in Gefahr, jedes Kind in ein Schema zu pressen. Jeder Mensch ist einmalig und einzigartig. Die Rolle in der Geschwisterreihe mag eine Rolle spielen. Aber niemand wird dadurch für sein ganzes Leben festgelegt.

Die Bibel beschreibt, dass Kain viele Nachkommen zeugte. Abel blieb kinderlos. Das heißt aber auch, dass wir alle Nachkommen Kains sind und uns diese Problematiken des Erstgeborenen und des Geschwisterneides von Anfang an in die Wiege gelegt sind. Und wir sind nicht nur Kinder des Kain, sondern von Eltern, die in ihrer Geschichte entweder gute und heilsame oder aber schlechte und krank machende Erfahrungen mit ihren Geschwistern gemacht haben. So geben die Eltern ihre Erfahrungen an die Kinder weiter.

Oft höre ich in Gesprächen, dass der Streit der Geschwister schon Vorläufer hatte. Der Vater war mit seinen Geschwistern zerstritten, oder die Mutter hatte keinen Kontakt mehr zu ihrer Familie. Seit Jahrzehnten ist es in der Familie so. Es sind letztlich immer wieder die Kinder Kains, die mir ihre Geschichte vom Geschwisterkonflikt erzählen. Sie setzen fort, was ihnen ihre Eltern oder Großeltern vorgelebt haben.

Der Psychotherapeut Tilmann Moser sieht in Kain auch eine Kraftquelle. Er erzählt, dass ihn als Kind auf dem Bild des romantischen Malers Schnorr von Carolsfeld Kain »mehr interessiert hat als der langweilig gottgefällige Abel mit seinen aufsteigenden Opferrauchwölkchen. Ich wusste intuitiv früh, dass ich zu frommen Opfertierrauchnebeln nicht geeignet war und eher fliehende Rauchstürme zu verursachen wusste. Ich schaute den Wolken von Kain neugieriger nach als den guten Rechenschaftssäulen des theologischen Bravlings Abel.«[3] Seine Verwandtschaft mit dem zornigen Kain – aber nicht mit dem Brudermörder Kain – hat er schon auf seinen Kinderbildern entdeckt. Da ist er neben seinen vier jüngeren Geschwistern mit einer tief eingegrabenen Zornesfalte zu sehen. »Ich als der neidische Älteste hatte allen Grund, auf so viel jüngere Rivalen zornig zu sein.«[4]

Manchmal stört ihn diese Zornesfalte. Denn häufig wurde er von seinen therapeutischen Kollegen als »zorniger Aufrührer gegen allzu viel Orthodoxie im analytischen Beruf« angesehen. Doch er kann bekennen: »Meine Zornesfalte ist mein Kainsmal und zugleich meine Kraftquelle.«[5] Doch er möchte nicht auf dieses Merkmal festgelegt werden. Er hat auch liebenswürdige Züge. So schreibt er über sein Temperament, das er schon als Kind im Umgang mit seinen vier Geschwistern entwickelt hat: »Zwischen liebenswürdig und zornbebend geht mein Temperament hin und her, und ich muss es halt leben, weil es kein besseres gab.«[6]

Die biblische Geschichte von Kain und Abel ist ein Spiegel, in dem wir uns selbst erkennen können. Aber zugleich sollten wir mit Tilmann Moser festhalten, dass wir durch kein biblisches Bild ganz und gar bestimmt sind. Die biblischen Bilder zeigen immer nur Teilaspekte unserer Persönlichkeit. Und es ist unsere Aufgabe, unsere Veranlagungen, die wir gerade im Miteinander mit den Geschwistern schon früh erkennen, zu kultivieren und zu verwandeln.

JAKOB UND ESAU

In der Geschichte von Jakob und Esau geht es auch um die Frage nach dem Erstgeborenen. Aber das spielt hier eine untergeordnete Rolle. Entscheidender sind in diesem Fall die verschiedenen Charaktereigenschaften. Esau war jemand, der Bärenkräfte besaß. Die Bibel beschreibt ihn noch dazu als einen stark behaarten Typ. Jakob dagegen war mehr der schlaue, gerissene Bruder, der auf seinen Verstand setzte. Man könnte sagen: Die zwei Brüder stellen zwei Seiten dar, die jeder in sich trägt. Jakob steht für die bewusste, die rationale Seite. Esau für die unbewusste Seite – das Dunkle, das Erdhafte, für den Schatten. Beide Brüder sollten sich eigentlich ergänzen, anstatt sich zu bekämpfen.

Aber man kann sie eben auch als Brüder sehen, die miteinander in Konkurrenz stehen. Dabei sind sie Zwillingsbrüder. Also geht es nicht nur um den Konflikt des Erstgeborenen und Zweitgeborenen, sondern um die Verschiedenheit der Brüder. Und es geht um die Frage, wie die so verschiedenen Brüder aus der Feindschaft zur Versöhnung kommen.

Esau war eigentlich der Erstgeborene. Doch Jakob, sein Zwillingsbruder, kaufte ihm das Erstgeburtsrecht ab und nutzte dazu eine Situation, in der Esau müde vom Feld kam. Er wollte in diesem Moment gerne etwas von dem Linsengericht essen, das Jakob gekocht hatte. (Gen 25,29–34)

Jakob nutzte die Situation für seinen eigenen Vorteil aus. Er ist der Schlauere, der Gewieftere. Jakob, der Muttersohn. Esau arbeitet für den Vater und mit dem Vater, mit ihm hat er eine gute Beziehung. Jakob macht es sich lieber bei der Mutter bequem. Die Mutter hilft ihrem Lieblingssohn, dass er auch den Segen des Erstgeborenen vom Vater bekommt. Sie verbünden sich gegen den Vater und seinen Lieblingssohn und setzen sich mit ihren Tricks durch.

Dass er von seinem Bruder ausgebootet wird, erzeugt in Esau einen unbändigen Hass. Er möchte Jakob am liebsten töten. Doch dieser flieht auf den Rat seiner Mutter zu deren Bruder Laban. Dort wirbt er um dessen Tochter Rahel.

Doch jetzt trickst Laban den Jakob aus, indem er die weniger schöne Tochter Lea in der Dunkelheit mit ihm schlafen lässt.

Jakob muss 14 Jahre lang hart arbeiten, um endlich beide Töchter zu bekommen. Letztlich trickst er seinen Schwiegervater aus und nimmt ihm einen Großteil seines Besitzes. Anscheinend ist Jakob jetzt auf dem Höhepunkt seines Erfolgs angekommen. Doch da meldet man ihm, dass sein Bruder Esau ihm entgegenkommt. Und jetzt hat er auf einmal Angst. Er hat das Gefühl, Esau würde kommen, um ihn umzubringen. Er weiß, er muss sich nun seinem Bruder stellen. Und damit auch dem Schatten, den sein Bruder Esau für ihn darstellt.

Jakob und Esau stehen für zwei Seiten, die in jedem von uns vorhanden sind: für die vitale und die schlaue Seite, für die helle und dunkle Seite, für das Männliche und Weibliche in uns. In dem berühmten Kampf mit dem Engel stellt sich Jakob dem eigenen Schatten. Und er wird gesegnet, weil er sich damit seiner eigenen Dunkelheit gestellt hat. Aber er wird bei diesem heftigen Kampf auch an der Hüfte verletzt. Er muss von nun an langsamer gehen und wird sich seiner eigenen Verletzlichkeit fortan immer bewusst sein. Jakob ist erst jetzt, im Moment seiner Niederlage, dazu fähig, seinem Bruder Esau wirklich zu begegnen. Er wirft sich siebenmal vor seinem Bruder zu Boden, um ihm seine Ehrerbietung zu zeigen. Esau umarmt ihn, und die beiden versöhnen sich miteinander.

Die Geschichte zeigt, wie auch heute Versöhnung zwischen Geschwistern gelingen könnte.

Es kommt vor allem darauf an, dem anderen auf Augenhöhe zu begegnen. Oft sind die Geschwisterkonflikte dadurch bedingt, dass jeder vor allem etwas darstellen und sich im besten Licht zeigen will. Aber jeder hat auch eine Schattenseite. Und wenn ich den Bruder bekämpfe, bekämpfe ich damit oft auch meinen eigenen Schatten. Ich projiziere das, was ich bei mir selbst nicht annehmen kann, auf den Bruder. Er ist gleichsam wie ein Spiegel, in dem ich die eigene Wahrheit erkennen könnte. Doch viele wollen nicht in den Spiegel schauen und sich mit ihrer eigenen Wahrheit aussöhnen. Sie wollen lieber den Spiegel zertrümmern, damit er sie nicht mehr an die eigenen Schwächen erinnert. Ein wichtiger Weg zur Versöhnung ist deshalb, dass ich mich meinen eigenen Schattenseiten stelle. Ich überlege mir, woran mich mein Bruder, meine Schwester erinnert. Was regt mich an ihr oder an ihm so auf?

Was mich wütend macht, das ist ja auch in mir.

Wenn ich den Bruder und die Schwester genau betrachte und mich dabei selbst wiederfinde, kann ich den ersten Schritt auf einem Weg der Versöhnung gehen und mich mit mir selbst aussöhnen. Das ist nicht leicht. Das zeigt uns der Kampf Jakobs mit dem Engel Gottes. Oder ist es vielleicht sogar Gott selbst – die Geschichte lässt das offen. (Gen 32,23–33) Es ist jedenfalls ein Kampf auf Leben und Tod.

Jakob weicht jetzt nicht mehr aus, sondern stellt sich dem Kampf. Und er wird am Ende gesegnet von dem dunklen Mann, mit dem er die ganze Nacht ringt. Wenn wir uns aussöhnen mit den Schattenseiten, an die uns der Bruder, die Schwester erinnert, dann werden wir unser altes Selbstbild erweitern. Das ist meist schmerzlich. Wir müssen Abschied nehmen von der Illusion, dass wir selbst gut sind und der andere böse. Der andere ist ein Spiegel, in dem wir uns selbst erkennen. Wenn wir uns auf diese Weise selbst erkennen, dann können wir unseren Schattenbruder umarmen. Und dann – so zeigt es uns die biblische Geschichte – geht die Sonne über uns auf. Es wird heller in unserem Leben, und wir gehen wie Jakob durch den Fluss hindurch. Ein neuer Lebensabschnitt kann beginnen.

Jakob hinkt. Auch wir werden nach der Versöhnung mit dem Bruder achtsamer, behutsamer, aber damit auch langsamer unseren Weg gehen. Es wird ein Weg mit unserem Bruder sein, ein Weg, der uns beide zu neuer Lebendigkeit führt. Und es wird ein Weg sein, der unter dem Segen Gottes steht.

Wenn ich von Geschwisterkonflikten höre, dann horche ich genau hin, ob da einer der Kontrahenten seine eigenen Probleme auf den andern projiziert. Oft stellt man sich nicht der eigenen Wahrheit, dem eigenen Schatten. Und dann denkt man, der Bruder oder die Schwester würden einem das Leben erschweren. Es erscheint einem so, als würden sie einen ablehnen oder von oben her behandeln. Oder man fühlt sich von den Eltern ungerecht behandelt, meint, sie wären großzügiger oder nachlässiger gegenüber dem Bruder oder der Schwester. Auch wenn die Eltern alle Kinder gerecht behandeln möchten, können sie nicht verhindern, dass es die Geschwister anders wahrnehmen.

Erwachsen werden bedeutet auch, hiermit gelassener umzugehen und nicht alles auf die Goldwaage zu legen. Es ist unsere Aufgabe, dass wir irgendwann einmal die Verantwortung für unser Leben übernehmen und dass wir die Schuld für unsere Probleme nicht bei den andern suchen, weder bei den Eltern noch bei den Geschwistern. Es ist immer eine Herausforderung, an den Beziehungen zu den Eltern und Geschwistern zu reifen, anstatt ihnen die Schuld für das eigene Versagen in die Schuhe zu schieben.

JOSEF UND SEINE BRÜDER

Weil Jakob und Esau zerstritten waren, hat sich der Geschwisterstreit auch in der nächsten Generation fortgesetzt. Auch wenn sich die beiden versöhnt haben, blieb doch offensichtlich noch etwas, was unaufgearbeitet war und sich dann in der Familiengeschichte fortgesetzt hat. Das erlebe ich immer wieder: Alte Familienkonflikte wiederholen sich, vor allem dann, wenn sie nicht wirklich angeschaut oder aufgearbeitet werden. Sigmund Freud spricht vom Wiederholungszwang. Man kann nicht anders, man kann das, was geschehen ist, nicht zur Seite legen. Deshalb ist es wichtig für die Eltern, ihre eigenen Familienkonflikte anzuschauen und sich damit auszusöhnen – sonst verlagert sich das Problem auch in die nächste Generation.

Jakob hatte elf Söhne. Doch Josef war sein Lieblingssohn. Er bevorzugte ihn immer wieder vor den anderen. Das machte die Brüder eifersüchtig. Sie beschlossen deshalb, ihren Bruder zu töten. Dem Vater wollten sie erzählen, dass ein wildes Tier den Sohn zerrissen habe. Doch einer von ihnen war dagegen. Ruben wollte Josef nicht töten, sondern ihn an einen Händler verkaufen, der ihn als Sklave nach Ägypten bringen sollte. Und so geschah es dann auch.

Ein schlimmes Schicksal – doch Gott verwandelt die Situation. Das Unheil wird zum Heil. Josef wird aufgrund seiner Kunst, Träume zu deuten, zum Statthalter Ägyptens. Ein mächtiger Mann mit viel Einfluss. Als in Israel eine Hungersnot ausbrach, kamen die Söhne Jakobs nach Ägypten, um Brotgetreide zu kaufen. Dort begegneten sie Josef. Beim zweiten Mal gab er sich ihnen zu erkennen und versöhnte sich mit ihnen. (Gen 39–45)

Die Versöhnung ist nur möglich, weil die Brüder ihre Tat bereuen. Und Josef liebt seine Brüder, obwohl sie ihn verkauft haben. Die Geschichte will in uns die Hoffnung nähren, dass auch Geschwisterkonflikte, selbst wenn sie lange dauern, geheilt werden können. Aber es braucht oft einen langen Weg. Und es braucht die Bereitschaft, die eigene Position zu hinterfragen, Rechthaberei aufzugeben und seinen Anteil an der Schuld zu bekennen. Josef macht seine Brüder nicht klein. Er demütigt sie nicht. Er prüft sie, indem er sie auf eine Probe stellt. Und als sie die Probe bestehen, umarmt er sie weinend und freut sich, dass sie wieder vereint sind.

Wenn ich die Geschichte in unsere Zeit übersetze, merke ich, dass ich den sturen Bruder, der mich übervorteilt hat, nicht mit seiner Schuld konfrontieren muss. Es ist nicht gut, ihn zu zwingen, seine Schuld einzugestehen und sich damit vor mir kleinzumachen. Vielmehr genügt es, ihn auf die Probe zu stellen und zu spüren, ob er es wirklich ernst meint mit der Versöhnung. Wenn ich das wahrnehme, dann soll ich auch aus meiner Position des Gekränktseins heraustreten und auf den andern zugehen.

Josef macht seinen Brüdern keinen Vorwurf. Nichts wird aufgerechnet. Er sagt ihnen vielmehr: »Ich bin Josef, euer Bruder, den ihr nach Ägypten verkauft habt. Jetzt aber lasst es euch nicht mehr leid sein und grämt euch nicht, weil ihr mich hierher verkauft habt. Denn um Leben zu erhalten, hat mich Gott vor euch hergeschickt.« (Gen 45,4 f.)

Wenn ich die gemeinsame Geschichte, auch wenn sie leidvoll war, als einen Weg der Verwandlung erkenne, den mir Gott zugemutet hat, dann ist Versöhnung möglich. Ich mache den andern keine Vorwürfe. Ich freue mich vielmehr, dass die Fronten zusammengebrochen sind und eine Umarmung wieder möglich ist. Die Brüder haben sich wiedergefunden, und sie sind gerührt von der Liebe, die sie auf einmal untereinander spüren.

Ich erlebe allerdings oft, dass Geschwister an ihren alten Verletzungen hängen bleiben. Man kann dem Bruder nicht vergeben, der allen anderen Geschwistern geschadet hat. Oder der Schwester, die sich bei der Erbschaft bereichert und den andern das genommen hat, was ihnen zustand. Da hat einer heimlich mit der Mutter gesprochen und deren Haus mit einer hohen Hypothek belastet, um seine eigenen Schulden zu begleichen. Als es ans Erben geht, fällt dies den anderen auf. Man ist entsetzt. Wie konnte er dies tun? Warum hat er nicht mit uns gesprochen, bevor er Tatsachen geschaffen hat? Es kommt zum Streit, man macht sich Vorwürfe. Eine Wiedergutmachung unterbleibt. Das Geld ist längst ausgegeben. Man hält am begangenen Unrecht fest. Der Bruder hat es nicht verdient, noch im Kreis der Geschwister geachtet zu werden. Das ist verständlich. Aber es spaltet die Geschwister. Und am Ende ist der Schaden größer als zuvor. Es geht nicht mehr nur um das Geld. Man kann einfach nicht mehr miteinander sprechen.

Josef hatte, so erzählt es die biblische Geschichte, keine Rachegedanken. Es hat ihm sicher wehgetan, von seinen Brüdern verraten und nach Ägypten als Sklave verkauft zu werden. Doch er hat aus dem, was ihm zugestoßen ist, das Beste gemacht. Und Gott hat sein Tun gesegnet. Josef ist durch die Dunkelheit und Enge des Gefängnisses in Ägypten hindurchgegangen. Aber sein Weg hat ihn ins Licht geführt. Wenn wir bereit sind, uns an Gott zu halten und uns nicht vom Unrecht bestimmen zu lassen, das uns ein Bruder oder eine Schwester angetan hat, dann ist Versöhnung möglich. Sie geschieht nicht aus einer Haltung der Schwäche heraus, dadurch, dass wir einfach nachgeben. Und auch nicht aus einer Haltung der Überheblichkeit heraus, indem wir uns über den schuldigen

Bruder stellen. Es wird dann gelingen, wenn wir versuchen, uns wieder auf Augenhöhe zu begegnen. Dazu gehört, das Vergangene beiseitezuschieben und sozusagen das innere Konto auszugleichen, indem wir der Schuld unsere Liebe entgegensetzen.

Erst dann, wenn wir uns mit unserem Schicksal ausgesöhnt haben, sind wir fähig, auch dem Bruder zu vergeben. Ja, es war falsch von ihm. Ja, es hat mich geschmerzt. Ja, es ist nicht mehr rückgängig zu machen. Und ja, ich habe viel verloren.

Kein Aber – die Liebe ist stärker als der Schmerz und die Verletzung.

Wir vertrauen darauf, dass Gott uns auf unserem schmerzlichen Weg begleitet und dass er uns im Tiefsten verwandelt. So wie die schmerzliche Erfahrung im Gefängnis den Josef reifer gemacht hat, so kann auch uns das vergangene Unrecht innerlich reifer werden lassen, wenn wir uns damit aussöhnen.

MOSE, AARON UND MIRJAM

Die Tradition sieht diese drei wichtigen Gestalten beim Auszug Israels aus Ägypten als Geschwister an. Mose wird von Gott berufen, sein Volk aus Ägypten herauszuführen. Doch Mose wehrt sich. Er hält Gott vor, er könne nicht gut sprechen. Da antwortet ihm Gott: »Hast du nicht noch einen Bruder, den Leviten Aaron: Ich weiß, er kann reden.« (Ex 4,14) So wird sein Bruder Aaron für Mose eine wichtige Stütze. Er wird der Sprecher, der das, was Mose von Gott empfängt, den Israeliten weitersagt. Mose und Aaron haben eine Schwester: Mirjam. Mirjam wird als Prophetin bezeichnet. Als Mose das Siegeslied am Schilfmeer singt, da nimmt sie die Pauke in die Hand: »Und alle Frauen zogen mit Paukenschlag und Tanz hinter ihr her.« Mirjam sang ihnen vor: »Singt dem Herrn ein Lied, denn er ist hoch und erhaben! Rosse und Wagen warf er ins Meer.« (Ex 15,20 f.) Sie schlägt die Brücke zu den Frauen. Mirjam gewinnt die Frauen für das gemeinsame Abenteuer, aus Ägypten zu fliehen. Und sie bringt Lebendigkeit in die Gemeinde der Israeliten. Die Frauen tanzen und schlagen auf die Pauke. Sie feiern den Durchzug durch das Rote Meer auf ihre Weise. Alle drei Geschwister arbeiteten also gut zusammen. Zusammen waren sie ein Segen für das Volk.

Mose wird als ein sehr demütiger Mann geschildert, »demütiger (oder auch: sanftmütiger) als alle Menschen auf der Erde«. (Num 12,3)

Doch dann tun sich Aaron und Mirjam zusammen und reden über ihren Bruder Mose schlecht. Sie regen sich auf, dass er eine ausländische Frau, eine Kuschiterin, geheiratet hat. Und so sprechen sie zueinander: »Hat etwa der Herr nur mit Mose gesprochen? Hat er nicht auch mit uns gesprochen?« (Num 12,2)

Gott wird zornig über Mirjam und Aaron und hält gegenüber den beiden fest, dass er mit Mose allein von Angesicht zu Angesicht spricht.

Mirjam und Aaron haben sich über Mose erhoben und ihn gleichsam ausgegrenzt, weil er eine Ausländerin geheiratet hat. Jetzt wird Mirjam aussätzig. Sie wird damit nun selbst ausgegrenzt – aus der Gemeinschaft der Gesunden. Und sie erkennt auf diese Weise, was sie ihrem Bruder angetan hat. Auf die Bitte des Aaron schreit Mose zu Gott: »Ach, heile sie doch!« (Num 12,13) Sein Wunsch wird erfüllt. Mirjam bleibt zwar für sieben Tage aus der Gemeinschaft der Israeliten ausgeschlossen. Doch dann wird sie geheilt und wieder in die Gemeinschaft aufgenommen.

Auch das ist ein schönes Bild dafür, wie Geschwisterstreitigkeiten geheilt werden können. Ein wichtiger Grund für Streitigkeiten ist immer wieder der Neid auf den anderen, das Gefühl, man sei doch genauso gut oder besser als er. Man hält dem andern dessen Schattenseiten vor Augen. Doch in Wirklichkeit projiziert man seine eigenen Schattenseiten auf den Bruder oder die Schwester.

Da hat sich ein Bruder von seiner Frau getrennt. Die Geschwister sind entsetzt und werfen ihm vor, dass sie dies für grundweg falsch halten. Oder die Geschwister urteilen über eine Schwester, deren Leben nicht so gut gelingt. Die Gefahr, dass sich die Geschwister vergleichen und dann auch einander beurteilen, ist immer groß. Die biblische Geschichte zeigt uns, wie der Geschwisterstreit trotz dieser Krise, die durch das Verurteilen anderer Geschwister entsteht, zu einer Chance werden kann. Dies gilt auch für uns heute.

Mose verteidigt sich nicht und rechtfertigt sich nicht. Über die Vorwürfe seiner Geschwister ist er nicht beleidigt. Er bleibt demütig. Er weiß um seine eigenen

Grenzen und Schwächen. Das wäre eine angemessene Reaktion für den Bruder oder die Schwester, der oder die angegriffen und verurteilt wird. Wir können uns ein Beispiel daran nehmen.

Noch einmal zurück zur biblischen Geschichte, die uns die Heilung auf drastische Weise schildert. Mirjam wird nicht nur irgendwie krank davon – sie wird aussätzig. Ihre Haut ist von Geschwüren bedeckt, keiner will sie jetzt mehr ansehen. Ihr Ansehen leidet. Das, was sie Mose vorgeworfen hat, widerfährt nun ihr. Die Vorwürfe, dass Mose nicht richtig gehandelt hat und aus ihrer Sicht unrein geworden ist, indem er eine Ausländerin und Nicht-Jüdin geheiratet hat, werden gleichsam an ihrem eigenen Leib sichtbar. Sie selbst wird unrein. Auf diese Weise erlebt sie die Vorwürfe gegen ihren Bruder als Schattenseite, die auch in ihr selbst vorhanden ist. Sie, die Mose durch ihre Vorwürfe, die sie gemeinsam mit Aaron erhebt, ausgrenzen möchte, wird nun selbst aus der Gemeinschaft ausgeschlossen. Sieben Tage lang muss sie sich mit dieser Wahrheit auseinandersetzen. Und sie erlebt gleichsam hautnah, was sie ihrem Bruder angetan hat.

Aaron erkennt im Aussatz seiner Schwester, dass er wie sie gesündigt hat. Und so geht er zu Mose und bittet ihn: »Mein Herr, ich bitte dich, lass uns nicht die Folgen der Sünde tragen, die wir leichtfertig begangen haben. Mirjam soll nicht wie eine Totgeburt sein, die schon halb verwest ist.« So schildert es die Bibel. (Num 12,11 f.) Mose reagiert, indem er Gott darum bittet, seine Schwester zu heilen. Er leidet selbst darunter, dass sie aussätzig geworden ist und sich so außerhalb der Gemeinschaft gestellt hat. Er rächt sich nicht an seiner Schwester, sondern tritt für sie ein. Und so wird sie geheilt. Und die drei Geschwister gehen wieder gemeinsam ihren Weg und wirken miteinander segensreich für das Volk.

Für mich werden hier einige Grundsätze sichtbar, wie ein Geschwisterstreit beigelegt werden kann. Der Angeklagte oder Beschimpfte verteidigt sich nicht sofort. Er nimmt den Vorwurf der Geschwister nicht als persönlichen Angriff, sondern er sieht tiefer: Was läuft da ab? Was wird da projiziert? Er erkennt, dass sie sich auch selbst damit strafen, dass sie ihn angehen. Das Geschehen fordert die Geschwister heraus, sich zu fragen, ob sie sich durch ihre Vorwürfe moralisch über den Bruder stellen – und ob sich hinter ihren Vorwürfen nicht andere Motive verbergen: z.B. verdrängter Neid, Rivalität oder aber die eigenen, unerfüllten Bedürfnisse. Vielleicht lebt der Bruder seine Schattenseiten aus, die man bei sich selbst verdrängt hat. Würde man nicht gerne wie er handeln und sich frei entscheiden, wen man sich als Partner wählt? Aus den damaligen gesellschaftlichen und religiösen Konventionen ausbrechen – frei sein.

Es geht nicht um die Frage, wer recht hat. Es geht vielmehr darum, dass alle Geschwister ihrer eigenen Wahrheit ins Angesicht schauen und dann letztlich Gott darum bitten, dass er ihre Beziehung wieder heilt.

Im Gebet können wir frei werden von der Verletzung durch die anderen und darauf vertrauen, dass Gott für das Gute eintritt. Dass das gemeinsame Band am Ende stärker ist als der Zwiespalt, der durch Missverständnisse, Neid und Vorwürfe entstanden ist. So kann das Gebet oder der Segen, den wir über den andern sprechen, uns wieder in Berührung bringen miteinander. Der Segen führt dazu, dass wir die Geschwister mit anderen Augen anschauen und wieder das Gute und Ursprüngliche in ihnen entdecken.

DER VERLORENE SOHN UND SEIN ÄLTERER BRUDER

Jesus erzählt uns noch ein weiteres wunderbares Gleichnis von zwei Brüdern. Es hat die Überschrift »Gleichnis vom verlorenen Sohn« oder auch »Gleichnis vom barmherzigen Vater«. Auch hier geht es um einen Konflikt unter Geschwistern.

Ein Vater hat zwei Söhne. Der jüngere Sohn fordert: »Vater, gib mir das Erbteil, das mir zusteht.« (Lk 15,12) Und tatsächlich geht dieser auf die Forderung seines Sohnes ein und teilt das Vermögen gerecht auf. Die eine Hälfte gibt er dem jüngeren Sohn, die andere Hälfte dem älteren. Der jüngere Sohn nimmt sein Erbteil und zieht fort. Er reist in ein fernes Land. Dort verprasst er sein Vermögen schnell. Schließlich hat er nichts mehr, es geht ihm sehr schlecht. So bleibt ihm nichts anderes übrig, als sich bei einem Bauern als Schweinehüter zu bewerben. Für einen Juden ist dies der totale soziale Abstieg, die größte Schmach, die man sich denken kann. Und es wird noch schlimmer: Er bekommt nicht einmal das Futter zum Essen, das man den Schweinen gibt. In seinem großen Hunger kommt er endlich zu sich und denkt sich: Ich kehre zurück zu meinem Vater. Auch wenn ich dort nur als Tagelöhner leben kann, habe ich vermutlich wenigstens genug zu essen. Er macht sich auf den Weg nach Hause.

Der Vater sieht ihn kommen, läuft ihm entgegen, fällt ihm um den Hals und küsst ihn. Sein Sohn spricht voller Scham: »Vater, ich habe mich gegen den Himmel und gegen dich versündigt; ich bin nicht mehr wert, dein Sohn zu sein.« (Lk 15,21) Doch der Vater freut sich so über die Rückkehr, dass er dem Knecht befiehlt, das beste Gewand zu holen und den verkommenen Sohn neu zu kleiden. Und er lässt ein Mastkalb schlachten. So feiern sie ein fröhliches Fest.

Voller Freude sagt der Vater zu allen: »Wir wollen essen und fröhlich sein. Denn mein Sohn war tot und lebt wieder; er war verloren und ist wiedergefunden worden.« (Lk 15,23 f.)

Der Sohn hatte sich selbst verloren in seiner Maßlosigkeit. Jetzt hat er zurückgefunden. Er war wie tot. Er hat seine alte Identität verleugnet. Doch jetzt ist das Leben in ihm wieder aufgeblüht.

Sein älterer Bruder, der daheimgeblieben ist und seinem Vater bei der täglichen Arbeit zur Seite gestanden hat, kommt vom Feld heim und hört die Musik und den Tanz. Er fragt den Knecht, was los ist. Als der ihm erzählt, weshalb man feiert, wird der ältere Sohn zornig. Er will nicht hineingehen und mitfeiern. Wie kann es sein, dass derjenige, der alles verprasst und sie alleine gelassen hat, nun derartig großzügig begrüßt wird? Das ist ungerecht!

Da kommt der Vater heraus, geht auf den älteren Sohn zu. Er möchte ihn besänftigen und noch einmal einladen, mit hineinzugehen. Doch sein Sohn sagt voller Wut: »So viele Jahre schon diene ich dir, und nie habe ich gegen deinen Willen gehandelt; mir aber hast du nie auch nur einen Ziegenbock geschenkt, damit ich mit meinen Freunden ein Fest feiern konnte. Kaum aber ist der hier gekommen, dein Sohn, der dein Vermögen mit Dirnen durchgebracht hat, da hast du für ihn das Mastkalb geschlachtet.« (Lk 15,29 f.)

Der Vater macht dem älteren Sohn keine Vorwürfe wegen seines Zorns. Er spricht ihn liebevoll an: »Mein Kind, du bist immer bei mir, und alles, was mein ist, ist auch dein. Aber jetzt müssen wir uns doch freuen und ein Fest feiern; denn dein Bruder war tot und lebt wieder; er war verloren und ist wiedergefunden worden.« (Lk 15,31 f.)

Hier sind zwei ganz verschiedene Charaktere beschrieben. Der jüngere Bruder möchte das Leben genießen, der ältere ist brav. Er tut seine Pflicht, möchte beim Vater bleiben.

Als der jüngere Bruder, der das Vermögen des Vaters verschleudert hat, reumütig heimkommt, erfährt dieser eine größere Nähe zum Vater als sein älterer Bruder. Das ist so ungerecht! Das darf es nicht geben. Deshalb ist der ältere voller Zorn. Er gönnt dem jüngeren Bruder nicht, dass der Vater mit ihm ein Fest feiert. Und er distanziert sich von seinem Bruder. Er sagt nicht »mein Bruder«, sondern »dieser da, dein Sohn«. Und er projiziert seine verdrängten Wünsche auf den jüngeren Bruder. Denn er hätte auch gerne mit Geld um sich geworfen und sich manches gegönnt. So unterstellt er ihm, dass er sein Vermögen mit Dirnen durchgebracht habe. Davon war in der Erzählung bislang nicht die Rede. Und es bleibt offen, ob dies überhaupt der Realität entspricht.

Der ältere Sohn fühlt sich durch die Barmherzigkeit des Vaters dem jüngeren Sohn gegenüber verletzt. Er spürt, dass er die Sehnsucht, Abenteuer zu erleben, etwas, was der jüngere Sohn ausgelebt hat, auch in sich trägt. Aber er hat sie sich verboten, um sich durch sein Bravsein und durch seine Leistung die Liebe des Vaters zu verdienen.

Das Gleichnis lässt offen, ob es dem Vater am Ende gelungen ist, auch den zornigen älteren Sohn wieder für sich zu gewinnen. Das Gefängnis der eigenen Rechthaberei und des eigenen Korrektseins lässt sich nicht so leicht aufbrechen.

Hier geht es wieder einmal um die Geschwisterfolge: das Verhältnis zwischen dem älteren und dem jüngeren Sohn. Und es sind die verschiedenen Charaktere, die aber oft auch mit der Geschwisterfolge zu tun haben. Wenn der ältere Bruder durch die Geburt des jüngeren aus der bisherigen Nähe zur Mutter und zum Vater verdrängt wird, dann reagiert er oft durch besonders braves Verhalten. Er liest der Mutter oder dem Vater jeden Wunsch von den Lippen ab, versucht, den beiden zu gefallen. Das ist sein Weg, wieder die

Liebe der Mutter und des Vaters zu erfahren. Auch in dieser biblischen Geschichte hat dies der ältere Sohn offensichtlich versucht. Er bleibt beim Vater, um immer wieder neu seine Nähe zu erfahren. Er tut, was von ihm erwartet wird, und hilft, wo er kann. Sein jüngerer Bruder hat offensichtlich als Kind genügend Geborgenheit erfahren. Daher kann er aus dem Familiengefüge getrost ausbrechen. Er geht ins Leben hinaus, wagt etwas, auch wenn er noch kein Maß hat und so mit seinem ungestümen Lebensdrang letztlich schmerzlich auf die Nase fällt.

Als er nach seiner Rückkehr vom Vater besonders liebevoll behandelt wird, fühlt sich der ältere Bruder in seiner Annahme bestätigt: Der jüngere kann tun, was er will, er wird mehr geliebt, er wird bevorzugt behandelt. Ihm zu Ehren gibt es sogar ein großes Fest.

In Gesprächen mit Menschen, die meinen Rat suchen, erfahre ich ähnliche Geschichten. Da ist der ältere Bruder, die ältere Schwester länger daheimgeblieben. Auch wenn sie geheiratet haben, waren sie es, die sich später um die alten und kranken Eltern gekümmert haben. Ein jüngerer Bruder, eine jüngere Schwester haben sich um ihre eigenen Angelegenheiten gekümmert, manches ausprobiert und sind damit gescheitert. Sie können nicht mit Geld umgehen. Und die Eltern haben dennoch immer wieder ausgeholfen und sie oder ihn mit Geld unterstützt. Man hat das neue Auto bezahlt, wenn das alte zu Schrott gefahren wurde. In den Aufbau einer Firma wurde Geld gesteckt, auch wenn es allen anderen Geschwistern von vorneherein aussichtslos erschienen ist. Oft haben die Eltern damit ihr schlechtes Gewissen beruhigt. Sie haben überlegt: Was haben wir falsch gemacht, dass der jüngste Sohn einfach sein Leben nicht in den Griff bekommt? Dem älteren musste man auch nicht helfen, der hat Erfolg gehabt, Karriere gemacht, ein sicheres Auskommen.

Irgendwann kommt zwangsläufig Eifersucht auf.

Man erzählt mir voller Zorn: »Ich habe alles getan, mich immer für meine Eltern eingesetzt, nichts verlangt. Und dann das: Derjenige, der alles vergeudet, der wird mehr geliebt, der bekommt mehr Zuwendung.« Manchmal wird der jüngere Bruder auch beim Erbe bevorzugt behandelt. Denn er hat ja über all die Jahre ohnehin schon mehr bekommen und verlangt jetzt noch seinen gerechten Anteil vom restlichen Vermögen der Eltern.

Die älteren Geschwister fühlen sich benachteiligt. Sie werden bitter gegenüber den Eltern, aber auch gegenüber dem jüngeren Bruder. Sie haben das Gefühl: Ihr ganzes Bemühen, bei den Eltern gut dazustehen und für sie zu sorgen, wird nicht belohnt. Und der, der alles Vermögen ausgibt, der wird auch noch belohnt. Deshalb reduzieren sie den Kontakt auf das Nötigste. Sie haben keine Lust, dem jüngeren Bruder unter die Arme zu greifen, wenn dieser wieder einmal in Schwierigkeiten steckt. »Dem nicht!« Sie haben das Gefühl, dass der Bruder oder die Schwester nie erwachsen werden will, weil man immer nur auf die Hilfe anderer hofft.

Im biblischen Gleichnis versucht der Vater, dem älteren Sohn seine Zuwendung zu zeigen und ihn so zu besänftigen. Aber wenn die Bitterkeit bei den Geschwistern einmal derart stark geworden ist, dann fühlen sich die Eltern genauso ohnmächtig wie der barmherzige Vater im Gleichnis. Sie können den Kindern noch so sehr zeigen, wie sehr sie sie immer geschätzt haben. Ihre Liebe kann durch die harte Schicht der Bitterkeit nicht durchdringen.

Es ist nicht leicht, sich als Eltern in so einem Fall richtig zu verhalten. Gut wäre es, wenn sie die ganze Familie zusammenholen und gemeinsam mit ihnen die Situation des jüngeren Bruders besprechen würden. Wenn dieser dann nicht nur die Enttäuschung der Geschwister spürt, sondern zugleich auch deren Hilfsbereitschaft, dann wird er sich zukünftig vermutlich anders verhalten. Er merkt hoffentlich im Gespräch mit seinen Eltern und den Geschwistern, dass er sich zum einen auch weiterhin auf sie verlassen kann, aber zum anderen nun die Dinge endlich selbst in die Hand nehmen muss. Was kann er in seinem Leben ändern? Was muss er wie anpacken? Diesen Herausforderungen gilt es sich zu stellen.

Allerdings braucht es bei den Geschwistern auch die Bereitschaft, den jüngeren Sohn zu verstehen. Warum ist er so geworden? Warum bringt er sein Leben nicht auf die Reihe? Und was kann ihm helfen? Immer nur um Hilfe zu bitten, ist die Bestärkung seines infantilen Zustandes. Die Geschwister können das »schwarze Schaf« der Familie aber nur dann dazu bringen, Verantwortung für sich zu übernehmen, wenn sie ihre eigene Bitterkeit aufgeben und ihrem Bruder Anerkennung schenken, mit all seinen Schwächen – so, wie er ist. Sie dürfen sich nicht wie der ältere im Gleichnis von seinem jüngeren Bruder distanzieren: »Er ist nicht mein Bruder, er ist nur dein Sohn. Sieh du zu, was du mit ihm anfängst.«

Die Geschwister dürfen ihre Bindung an den jüngeren Bruder nicht aufkündigen. Nur innerhalb der Bindung wird eine Befreiung von seinen inneren Zwängen und Mustern möglich.

MARTA UND MARIA

Von einem anderen Geschwisterpaar erzählt uns Lukas im 10. Kapitel seines Evangeliums. Jesus kommt mit seinen Jüngern in ein Dorf, in dem zwei Schwestern wohnen: Marta und Maria. Marta ist die ältere. Sie nimmt Jesus und die ganze Jüngerschar freundlich auf, um sie zu bewirten. Maria aber setzt sich zu den Füßen Jesu nieder und hört seinen Worten zu. Das ärgert die ältere Schwester. Sie macht Jesus Vorwürfe: »Herr, kümmert es dich nicht, dass meine Schwester die ganze Arbeit mir allein überlässt? Sag ihr doch, sie soll mir helfen!« (Lk 10,40) Doch Jesus antwortet ihr: »Marta, Marta, du machst dir viele Sorgen und Mühen. Aber nur eines ist notwendig. Maria hat den guten Teil gewählt, der soll ihr nicht genommen werden.« (Lk 10,41 f.)

Marta ist die aktivere von den beiden. Als ältere Schwester hat sie gelernt, die Dinge in die Hand zu nehmen. So fühlt sie sich auch jetzt verantwortlich, dass es den Gästen gut geht und sie genügend zu essen haben. Ihre jüngere Schwester scheint eher verträumt zu sein. Sie freut sich über die Ankunft Jesu und denkt gar nicht daran, dass die Gäste etwas zu essen brauchen. Sie hört einfach den Worten Jesu zu. Der Ärger der älteren Schwester zeigt, dass die mit ihrer Arbeit auch Nebenabsichten hat. Sie möchte bei den Gästen einen guten Eindruck machen, gegenüber anderen Gastgebern glänzen. Man soll überall positiv von ihr sprechen. Sie selbst möchte von Jesus gesehen werden.

Die jüngere Schwester setzt sich einfach zu Jesus, ohne etwas zu tun. Jesus hat sie so die ganze Zeit über im Blick.

In Marta steigt Ärger hoch. Darüber, dass ihre Schwester einfach nichts tut und ihr die Arbeit überlässt. Und sie ärgert sich auch über Jesus, dass der nicht merkt, wie sehr sie sich abmüht, damit es alle gut in ihrem Hause haben. Der Ärger ist Ausdruck ihrer Eifersucht. Sie bemüht sich, alles für die Gäste zu tun. Und die jüngere Schwester wird von ihrem besonderen Gast, Jesus, trotzdem mehr beachtet! Jesus würdigt, was Marta für die Gäste tut. Aber er relativiert auch ihr Tun. Eines oder – wie es im Griechischen genauer heißt – »wenig nur« ist notwendig. In diesem Fall bedeutet es: Das Wort Gottes zu hören ist wichtiger, als es den Gästen möglichst bequem zu machen. Die Antwort Jesu wurde in der christlichen Tradition lange Zeit als besondere Wertschätzung der Kontemplation verstanden. Es geht nicht ums Tun, sondern um die Hinwendung zu Gott selbst.

Doch wenn wir es auf der Ebene der Geschwisterbeziehung betrachten, dann hat es noch zwei andere

Bedeutungen. Erstens: Die zwei Schwestern stehen für zwei Haltungen, die jeder von uns in sich trägt: Marta, die anpackt, die die Nöte der Menschen sieht, die mit ihrem Fleiß Erfolg hat und etwas nach außen vorweisen kann. Und zum anderen auch die Haltung von Maria, die auf die inneren Impulse achtet, die darauf hört, was Gott ihr sagen möchte, worum es eigentlich im Leben geht. In uns ist oft die Einstellung von Marta lauter. Sie hat scheinbar nach außen hin eine größere Daseinsberechtigung. Denn sie kann etwas vorweisen. Jesus tritt für die Maria in uns ein. Er will, dass wir uns immer wieder Zeit nehmen, nach innen zu schauen und auf die leisen Stimmen zu hören, in denen Gott selbst zu uns spricht.

Die zweite Bedeutung sehe ich mehr auf der Ebene der Geschwisterbeziehung: Die ältere Schwester muss ihrem Bedürfnis nach Liebe der Eltern immer wieder durch Arbeit und Leistung Ausdruck verleihen. Sie hofft, so von den Eltern gesehen und anerkannt zu werden, wenn sie fleißig ist. Die jüngere Schwester empfängt die Liebe der Mutter, weil sie hilfsbedürftig ist. Um geliebt zu werden, braucht sie nichts zu leisten. Sie erfährt die Liebe einfach. Daher lebt sie unbesorgt in den Tag hinein. Sie tut das, was ihr guttut. Das ärgert oft die ältere Schwester. Doch auch die jüngere Schwester hat ihre Probleme mit der älteren. Die ältere Schwester hat in der Schule gute Noten. Die Leistung in der Schule ist ihr Weg, um von den Eltern gelobt zu werden. Die jüngere Schwester strengt sich nicht so stark an, vielleicht kann sie es auch nicht. Oder aber sie hat das Gefühl: Meine ältere Schwester ist eine Überfliegerin. Da habe ich gar keine Chance, mitzuhalten. Deshalb sucht sie ihre Daseinsberechtigung oft in anderen Dingen. Manchmal verweigert sie die Leistung, um ihre Eltern zu zwingen, sich um sie zu kümmern. Oder sie wird magersüchtig, um die Aufmerksamkeit der Eltern auf sich zu ziehen. Sie schadet sich selbst durch ihre Magersucht und verrennt sich dann oft, sodass sie kaum mehr aus diesem Muster herausfindet. In ihrer Rebellion isoliert sie sich und bleibt letztlich im Neid auf die ältere Schwester hängen. Denn die hat es weiter gebracht in ihrem Leben.

Maria geht in der biblischen Geschichte einen anderen Weg: Sie setzt sich zu Füßen Jesu und hört dessen Worten zu. Sie lässt sich davon leiten, offen für das, was Jesus ihr zu sagen hat. Das weitet ihren Horizont. Dies alles kann durchaus auch für die ältere Schwester zum Segen werden, wenn sie sich darauf einlässt, von der jüngeren an diesem Punkt zu lernen.

Eine Mutter erzählte mir von ihrer jüngeren Tochter. Sie wollte nicht Abitur machen wie die ältere Schwester. Dann ist sie Krankenschwester geworden. Das ist ein guter Beruf. Aber sie verdient eben nicht so viel wie die ältere Schwester. Von ihren Eltern fordert sie ständig finanzielle Unterstützung. Eigentlich würde ihr Gehalt durchaus zum Leben ausreichen, aber sie kann mit Geld nicht umgehen. Sie ist herausfordernd den Eltern gegenüber. Und sie ist natürlich neidisch auf ihre ältere Schwester. Von der lässt sie sich nicht helfen. Dabei wäre diese durchaus bereit, sie zu unterstützen. Aber dann hätte die jüngere wieder das Gefühl, unterlegen zu sein.

Was kann in einer derartigen Situation hilfreich sein? Die Jüngere darf sich nicht permanent vergleichen mit der Älteren, sondern sollte ihren eigenen Weg gehen. Aber dies setzt auch voraus, dass ich mich aussöhne mit meiner Begabung, mit meiner Sensibilität und meinen Grenzen.

Die Beziehungsprobleme zwischen Schwestern sind vielfältig. Umso schöner ist es, wenn Schwestern sich trotzdem verstehen. Meine Schwester Linda hielt einmal mit meiner jüngsten Schwester Elisabeth gemeinsam einen Kurs. Bei dieser Veranstaltung haben die beiden sich gut ergänzt. Die Frauen, die an dem Kurs teilnahmen, wunderten sich, wie zwei Schwestern friedlich und locker miteinander umgehen konnten, ohne Rivalität, ohne Konkurrenzdenken. Beide Schwestern sind neulich für eine Woche gemeinsam in Urlaub gefahren. Es sind die jüngsten Geschwister in unserer Familie, die sicher manchmal auch unter der Dominanz ihrer vier älteren Brüder gelitten haben. Es tat den beiden Schwestern gut, unterwegs einander einfach ihre Geschichte zu erzählen. Dabei machten sie weder den Eltern noch den Brüdern Vorwürfe. Aber sie konnten benennen, wo sie sich in all den Jahren verletzt gefühlt haben, was ihnen Probleme gemacht hat. Das war für sie wie eine Art Selbsttherapie. Und die Gespräche haben sie nicht nur einander nähergebracht. Sie konnten auch gemeinsam anders auf die Brüder schauen. Als sie miteinander sprachen, haben sie bei sich ähnliche Verhaltensweisen festgestellt wie bei Marta und Maria.

Meine Schwester Linda hat nach der Realschule im Geschäft meines Vaters eine Lehre gemacht und dort gearbeitet. Sie wollte meinen Vater, der schon älter war, unterstützen, sodass er noch eine Zeit lang in seinem Geschäft weiterarbeiten konnte. Meine jüngste Schwester Elisabeth ähnelt in ihrem Verhalten dem von Maria in der lukanischen Erzählung. Sie nahm sich einfach Zeit für das, wozu sie Lust hatte, probierte vieles aus. Und sie hat dabei manches nicht so ernst genommen, wie es uns von zu Hause aus mitgegeben wurde. Irgendwann hat sie der Ehrgeiz gepackt, und sie hat eine Ausbildung zur pharmazeutischen Assistentin gemacht.

Heute können sich beide Schwestern so akzeptieren, wie sie sind. Jede hat in der Kindheit eine eigene Strategie verfolgt, um mit der Dominanz der Brüder umzugehen. Heute können wir auch im großen Geschwisterkreis darüber sprechen, ohne dass einer dem anderen einen Vorwurf macht. Jetzt sind wir fast alle schon über 70 Jahre alt. Da ist es umso wichtiger, zusammenzuhalten, auf die gemeinsame Geschichte stolz zu sein und sich in Dankbarkeit an manches, was war, zu erinnern.

Auch Märchen und Romane erzählen oft von zwei Schwestern. Ich denke zum Beispiel an die Erzählung von Ilse Aichinger »Engel in der Nacht«, in der sich die ältere Schwester für die jüngere aufopfert, weil sie denkt, sie würde ihr Leben sonst nicht in den Griff bekommen. Es ist eine tragische Geschichte. Die ältere Schwester fühlt sich für die jüngere verantwortlich, da die Eltern geschieden sind. Beide sind einsam, sie leben von der Mutter getrennt. Und auch der Vater ist oft abwesend. Die ältere Schwester möchte der jüngeren zeigen, dass sie nicht allein ist, weil Engel sie begleiten. Aber als die jüngere mit der Mutter spricht, macht diese sie lächerlich. Sie erzählt ihr, dass es gar keine himmlischen Wesen gibt. Damit zerbricht ihr Glaube an den schützenden Engel. In ihrer Verzweiflung will die ältere Schwester den Engel selbst spielen. Sie stürzt sich mit ausgebreiteten Armen vom Fenstersims nach unten und stirbt. Als toter Engel liegt sie im Schnee.

Die ältere Schwester wollte für die jüngere zum Engel werden und hat sich damit heillos überfordert. Sie ist einer Scheinwelt zum Opfer gefallen.

Schwestern können sich gegenseitig stützen. Aber keine kann für die andere eine Erlöserin oder ein rettender Engel sein. Wir dürfen manchmal in bestimmten Situationen für die anderen zum Engel werden. Aber wir dürfen uns nicht identifizieren mit dem archetypischen Bild des Engels. Sonst merken wir gar nicht, wie wir unsere verdrängten Bedürfnisse in dieser Rolle ausleben. Die ältere Schwester agierte mit ihrem Engelbild ihr Bedürfnis nach Macht und Einfluss aus und hat sich damit selbst ins Unglück gestürzt.

Peter Härtling hat sich in seinem Roman »Große, kleine Schwester« mit Geschwisterkonflikten beschäftigt. Die ältere Schwester Ruth fühlt sich in dieser Geschichte von den Eltern nicht so gesehen, wie sie es gerne möchte. Sie wird mit ihrer nur ein Jahr jüngeren Schwester Lea gemeinsam eingeschult. Ruth tut ihre Pflicht. Lea trödelt. Sie nimmt das Leben leicht. Ruth bekommt an ihrem Geburtstag ein großes buntes Paket überreicht. Als sie es auspackt, sind zwei Schulranzen drin, einer für sie, einer für Lea. Lea zieht sich den Ranzen auf den Rücken und tanzt. Auf einmal steht sie im Mittelpunkt. Ruth schreit und schlägt um sich. Sie reißt sich den Ranzen vom Rücken und wirft ihn in weitem Bogen ins Zimmer. Sie verdirbt ihren Geburtstag, weil sie sich nicht gewürdigt fühlt. Immer wird sie verglichen mit ihrer jüngeren Schwester, die die Geburtstagsgesellschaft für sich vereinnahmt. Mit ihrem Um-sich-Schlagen zeigt Ruth, wie tief sie gekränkt ist. Es ist die einzige Möglichkeit, auf sich und ihre eigenen Bedürfnisse aufmerksam zu machen.[7]

Es gibt viele Geschichten von Rivalität und Feindschaft unter Schwestern. Aber es gibt auch Märchen, in denen die beiden Schwestern einander helfen und füreinander zum Segen werden. Die beiden Schwestern »Schneeweißchen und Rosenrot« leben friedlich miteinander, tun Gutes und erlösen den verwunschenen Königssohn, der sie in Gestalt eines Bären jeden Abend besucht. Schließlich heiraten die beiden den Königssohn und dessen Bruder.

In diesem Märchen drückt sich die Sehnsucht danach aus, dass Schwestern sich gegenseitig unterstützen und einander begleiten – durch alle Schwierigkeiten hindurch. Diese Geschichte soll uns in Berührung bringen mit unserer Sehnsucht, einander in guter Weise Schwester zu sein. Wenn es Rivalitäten oder Feindschaften gibt, so wollen die Geschichten von gelingenden Schwesternbeziehungen uns ermutigen, auf diese Weise miteinander und füreinander Schwester zu sein.

In einem anderen Märchen geht es um »Brüderchen und Schwesterchen«. Beide begleiten und helfen einander. Auch als der Bruder durch eine Hexe in ein Reh verzaubert wird, trennen sich die beiden nicht, sondern bleiben Seite an Seite. Die Schwester heiratet den König und bekommt von ihm einen Sohn. Dann geschieht etwas Schreckliches: Die böse Hexe tötet die Mutter und legt ihre eigene Tochter an deren Stelle ins Bett. Sie soll den König täuschen. Doch die getötete Mutter erscheint jede Nacht im Raum und nimmt ihr Kind in die Arme. Die Kinderfrau beobachtet das Geschehen und verrät es dem König. Der König wacht mit ihr eine Nacht lang, erkennt seine wahre Frau und den Betrug. Durch seine Liebe, so heißt es im Märchen, erwacht seine tote Frau zum Leben. Er springt aus seinem Versteck und spricht sie liebevoll an. Sie antwortet ihm und »hat in diesem Augenblick durch Gottes Gnade das Leben wiedererhalten« – so heißt es in der Geschichte. Die Hexe und deren Tochter stellt man vor Gericht. Die Tochter wird in den Wald geschickt und dort von den wilden Tieren zerrissen, die Hexe, die alles eingefädelt hat, kommt auf den Scheiterhaufen.

»Wie sie zur Asche verbrannt war, verwandelte sich das Rehkälbchen und erhielt seine menschliche Gestalt wieder.« Es wird wieder zum Bruder. »Schwesterchen und Brüderchen aber lebten glücklich zusammen bis an ihr Ende.«

Das Märchen beschreibt nicht nur die Entwicklung der Schwester zur Frau und des Bruders zum Mann. Beide halten durch alle Entwicklungen und Verwandlungen hindurch zueinander. Das Märchen will in uns die Hoffnung stärken, dass Bruder und Schwester einander stützen können, auch wenn jeder seinen eigenen Weg geht. Das Zusammenhalten ist offensichtlich ein hoher Wert, den das Märchen uns vor Augen führen möchte.

2. GELINGENDES LEBEN

Bevor ich auf konkrete Fragen des geschwisterlichen Lebens eingehe, möchte ich ein paar Voraussetzungen für ein gelingendes Leben beschreiben. Alle Menschen sehnen sich danach, dass ihr Leben gelingt, oder anders ausgedrückt, dass sie glücklich werden. Manche meinen, sie könnten sich Glück erkaufen oder erarbeiten. Aber Glück kann man nicht direkt als Ziel ins Auge fassen. Es ist vielmehr Ausdruck von gelingendem Leben.

Glück bedeutet: im Einklang mit sich selbst zu sein, mit seiner Seele, mit seinem innersten Wesen. Geliebt zu sein, wertgeschätzt, getragen von lieben Menschen.

In der Begegnung mit den Geschwistern dürfen wir oft genug erfahren, dass wir bedingungslos geliebt sind, dass wir unseren je eigenen Wert haben und dass wir getragen sind von denen, die zu uns stehen, ganz gleich, wie wir uns entwickeln. Diese Erfahrung hilft uns, mit uns selbst in Berührung zu kommen und den Einklang mit uns zu finden.

Es gibt natürlich viele Bedingungen, damit unser Leben gelingt. Ich möchte fünf Sehnsüchte beschreiben, die mir im Gespräch mit Menschen immer wieder begegnen.

Eine Sehnsucht geht immer über die Erfüllung hinaus. Eine vollständige Erfüllung bleibt Utopie. Aber wir sollten spüren, dass unser Leben zu einer Antwort auf diese Sehnsüchte wird.

Sehnsucht hält uns lebendig auf unserem Weg zum gelingenden Leben. Ich möchte aber auch fragen, inwieweit die Beziehung zu den Geschwistern uns helfen kann, dem näher zu kommen, wonach wir uns sehnen. Natürlich kann jemand auch ohne Geschwister glücklich werden. Aber die gute Erfahrung mit den Geschwistern ist sicher ein wesentliches Fundament, auf dem wir unser Leben so aufbauen können, dass wir damit im Einklang sind. Das ist dann Glück, das ist gelingendes Leben.

Wenn wir nach dem Gelingen des Lebens fragen, so ist für mich die erste Sehnsucht die Sehnsucht nach meiner Identität. Wer bin ich? Was ist das Besondere meiner Person? Theologisch ausgedrückt: Mein Leben gelingt nur, wenn ich das einmalige Bild verwirkliche, das Gott sich von mir gemacht hat. Dieses Bild kann ich nicht konkret beschreiben. Aber wenn ich mich still hinsetze und das Gefühl habe, dass mein Leben stimmig ist, dass ich innerlich ruhig werde, weil ich im Einklang bin mit meinem wahren Selbst, dann darf ich vertrauen, dass ich in Berührung bin mit dem einmaligen Bild Gottes in mir. Psychologisch ausgedrückt, würden wir sagen: Das Leben wird nur sinnvoll, wenn ich ganz ich selber werde, wenn ich authentisch lebe, wenn ich mit dem einmaligen Selbst in

Berührung komme, das meinem wahren Wesen entspricht.

Dass mein Glück mit dem Finden und Akzeptieren meiner eigenen Identität zu tun hat, erkannte schon der Philosoph Erasmus von Rotterdam. Er hat das Glück so definiert: »Der Kern des Glücks: der sein zu wollen, der du bist.« Es genügt nicht, mich so anzunehmen, wie ich bin. Ich soll mich bewusst dafür entscheiden, der sein zu wollen, der ich bin. Das *Ich* ist mir vorgegeben. Das habe ich mir nicht ausgesucht. Aber meine Aufgabe ist es, mich für die Person zu entscheiden, die mir vorgegeben ist. Dann werde ich immer mehr in Einklang kommen mit mir selbst, ich werde mehr und mehr meine wahre Identität entdecken.

Das verlangt auch ein Abschiednehmen von Illusionen, die ich mir von mir gemacht habe. Ich höre auf, mich mit anderen zu vergleichen. Ich bin dankbar, dass Gott mich so gewollt hat, wie ich bin. Und so bin ich einverstanden mit dem, was ich bin. Ich freue mich an meiner Einmaligkeit.

Für den jüdischen Philosophen Walter Benjamin besteht das Glück darin, seiner selbst, ohne zu erschrecken, innezuwerden. Nur wenn ich auch eins bin mit all den Seiten, die nicht den Erwartungen der Menschen oder meinen eigenen Wünschen entsprechen, bin ich wirklich glücklich. Sonst muss ich immer Angst haben, dass die Menschen hinter meiner glücklichen Fassade all das Verdrängte und Unterdrückte entdecken können. Glücklich ist der Mensch, der mit sich, mit Gott und mit seinem Schicksal einverstanden ist und der ganz er selbst geworden ist.

Im Umgang mit meinen Geschwistern entdecke ich, dass jeder von uns einzigartig ist. Jeder hat seine eigene Begabung. Aber jeder ist auch von seiner Person her einmalig. Gerade indem ich das Anderssein meiner Geschwister erlebe, kann ich entdecken, wer ich bin. Ich erlebe mich in der Auseinandersetzung mit meinen Geschwistern, mit meinen Gefühlen, mit meinem eigenen Denken. Ich spüre, dass wir nicht alle identisch sind, sondern jeder eine eigenständige Person. Und ich lerne, diese einmalige Person, die ich bin, immer mehr anzunehmen. Aber im Umgang mit meinen Geschwistern erfahre ich auch, dass ich nicht perfekt bin. Ich habe auch Seiten an mir, die mir selbst nicht so angenehm sind. Die erfahre ich, wenn ich mit meinen Geschwistern streite oder wenn Neidgefühle aufkommen. Aber zugleich lerne ich gemeinsam mit meinen Geschwistern, dass ich so sein darf, wie ich bin, dass ich trotzdem von den andern akzeptiert werde. Die Voraussetzung für das gelingende Leben ist, dass ich immer mehr ich selber werde. Wenn ich an mir selbst vorbeilebe, dann werde ich einen inneren Zwiespalt erleben. Und diese innere Spaltung bringt mich immer weiter von mir weg. So kann ich gerade in der Begegnung mit meinen Geschwistern und in der Begegnung mit Gott mein wahres, einmaliges Selbst finden, das Selbst, das Gott mir zugedacht hat.

Die zweite Sehnsucht nach einem gelingenden Leben ist die Frage nach der Fruchtbarkeit. Die heutige Psychologie sagt: Das Leben gelingt dann, wenn es strömt und wenn es aufblüht: Das Flowgefühl ist entscheidend für ein gutes Leben und das »Flourishing = Aufblühen«. Zum Flowgefühl und zum Aufblühen gehören gute Beziehungen. Mein Leben kommt ins Fließen, wenn ich mich auf Menschen einlasse und mich ihnen hingebe. Und mein Leben strömt und blüht auf, wenn ich meinen Auftrag in dieser Welt gefunden habe. Daher ist es wichtig, mich zu fragen: Was ist meine Sendung? Jesus hat seine Jünger in die Welt gesandt. Wozu sendet er mich? Was traut mir Gott zu? Was kann und was möchte ich in dieser Welt tun? Wodurch kann mein Leben, wodurch kann ich selbst zum Segen werden für andere?

Damit mein Leben ins Fließen kommt, ist die Erfahrung mit meinen Geschwistern hilfreich. Ich erkenne, welche Begabung jedes meiner Geschwister hat. Ich muss meinen älteren Bruder nicht kopieren oder meiner Schwester nacheifern. Ich soll gelten lassen, was ihre Berufung ist. Aber ich sollte meine eigene Berufung erkennen. Dann verliert sich das Neidgefühl, und die Rivalität schwächt sich ab. Ich entdecke, was meine Stärken sind. Und wenn ich diese Stärken lebe und meine eigene Berufung finde, dann wird mein Leben Frucht bringen und aufblühen.

In der Geschwisterreihe wird jeder im Laufe seines Lebens seine Rolle finden. Das sind wesentliche Fragen: Was ist meine Rolle, die ich spielen sollte im Kreis der Familie, in der kirchlichen Gemeinschaft, in der Firma, in der bürgerlichen Gemeinde? Wer seine Rolle gefunden hat, die seinem Wesen entspricht, der hat das Gefühl, dass sein Leben stimmig ist, dass es gelingt.

Wenn ich die beiden Brüder anschaue, die mir vom Alter am nächsten stehen, so war der ältere Bruder immer der beste Sportler, und der jüngere kam immer auf unkonventionelle Ideen. Ich selber entdeckte in mir Kreativität. Ich hatte immer neue Einfälle, die ich verwirklichen wollte: z. B. einen Fischteich bauen, eine Bank schreinern. Meine Brüder haben mit mir diese Ideen verwirklicht. So haben wir uns ergänzt. Und jeder hat seine Stärke entdeckt und seine Berufung. Mein älterer Bruder war bis ins hohe Alter hinein leidenschaftlicher Sportler. Beim Fußball hat er auch die Fähigkeit erlernt, ausgleichend auf Menschen zu wirken. Daher hat ihn der Pfarrer nochmals gebeten, mit 75 Jahren für den Pfarrgemeinderat zu kandidieren, in dem er schon über 40 Jahre lang Mitglied ist. Der Pfarrer meinte, der Pfarrgemeinderat brauche seine ausgleichende Art. Mein jüngerer Bruder hat als Lehrer immer auf unkonventionelle Weise Unterricht gegeben und dadurch seine Physik- und Mathematikschüler fasziniert. Im Alter studiert er noch Quantenphysik und ist immer offen für neue Erkenntnisse der Wissenschaft und Überlegungen, wie alles zusammenhängt. Und ich habe im Schreiben meine Kreativität entfalten können. So hat jeder seine Aufgabe in der Welt entdeckt. Wir vergleichen uns nicht, sondern gönnen uns, was jeder für sich als seinen Auftrag entdeckt hat.

Die dritte Sehnsucht, die jeder Mensch kennt, ist die Sehnsucht, aus einer Quelle zu schöpfen, die unerschöpflich ist. Viele Menschen haben Angst, dass sie das Leben nicht schaffen. Viele Menschen sind heute ja auch erschöpft und leiden an Burn-out. Wenn ich an meine eigene Kindheit zurückdenke, kann ich mich an den ersten Schultag erinnern. Die Schule war für mich bis dahin fremd. Und ich hatte Angst, ob ich es schaffe. Da war auf einmal eine Herausforderung von außen. Aber der Blick auf meine Geschwister zeigte mir: Die haben es alle geschafft. So ließ ich mich auf die Schule ein – und die Angst verflog. Ich entdeckte, dass ich in mir genügend Kraft habe, die Herausforderungen zu bewältigen. Dann hat mir die Schule Spaß gemacht. Und seither habe ich das Gefühl, dass in mir eine Quelle ist, die nie versiegt. Als Mönch weiß ich, dass es letztlich die Quelle des Heiligen Geistes ist. Und ich mache die Erfahrung, dass ich immer dann, wenn ich mir zu viel zugemutet habe, aus dieser Quelle schöpfen kann. Dann verliert sich der Druck. Und die Angst vor dem Zuviel verfliegt. Es strömt aus einer größeren Tiefe, aus dem Grund meiner Seele.

Aber es ist nicht eine rein spirituelle Quelle, aus der wir schöpfen. Es ist auch die Quelle der Verbundenheit. Weil ich mich mit meinen Geschwistern verbunden fühlte, verlor sich die Angst, den Herausforderungen von außen nicht gerecht werden zu können. Die Verbundenheit mit der Familie und gerade mit den Geschwistern ist eine wichtige Quelle, aus der wir schöpfen können. Sie gibt uns die Kraft und das Vertrauen, dass auch wir unser Leben meistern werden. Es gibt viele psychologische Untersuchungen, die zeigen, dass die Menschen, die aus einer tiefen Verbundenheit mit anderen Menschen leben, gesünder und länger leben. Psychologen sagen, dass ADHS, die Unruhekrankheit mancher Kinder, daher rührt, dass sie die wesentlichen Schritte nicht in Verbundenheit tun konnten. Wenn jemand Geschwister hat, ist er immer mit ihnen verbunden, auch wenn die Eltern nicht so viel Zeit für die Kinder haben. Und diese Verbundenheit schafft eine Atmosphäre, in der das Kind seine eigene Kreativität entwickeln und für sich selbst eine gute Struktur entdecken kann. Die Verbundenheit bindet das Auseinanderstrebende in den Kindern zusammen.

Die Quelle, aus der wir schöpfen, ist immer auch eine heilende Quelle. Jedes Kind findet für sich einen Weg, wie es mit Verletzungen umgeht, was es für sich selbst tun kann, wenn es ihm mal nicht so gut geht. Wenn wir uns an diese Wege erinnern, die wir als Kind spontan gefunden haben, kommen wir heute mit den heilenden Kräften unserer Seele in Berührung. Meine älteste Schwester brauchte offensichtlich die Weite, das Reisen, das Fremde, um sich selbst zu finden. Das hat sie in ihrem Leben immer wieder verwirklicht und darin ihre heilende Quelle entdeckt. Mein ältester Bruder war im Gegensatz zu meiner ältesten Schwester, die immer voller Tatendrang war, eher ein ruhiges und gelassenes Kind. Die Gelassenheit, die Konflikte nicht so ernst zu nehmen, das war seine Therapiemethode für schwierige Situationen. Mein Bruder Konrad brauchte offensichtlich die Bewegung und das Spielen, um Frustrationen loszulassen. Für mich war schon früh die Kirche und das gemeinsame Feiern in der Familie ein wichtiger Ort, an dem ich mich wohlgefühlt habe. So ist heute noch die Liturgie und die spirituelle Gemeinschaft des Klosters eine heilende Quelle, die mir guttut. Mein Bruder Michael hat für sich nicht nur das Studieren, sondern auch den Garten als heilende Quelle entdeckt. Und meine jüngsten Schwestern, die manchmal unter den älteren Brüdern zu leiden hatten, haben sich damit geholfen, über ihre Brüder zu lachen und sie damit nicht so ernst zu nehmen. Dieser Humor und dieses Lachen über das, was einem das Leben auch schwer machen könnte, ist auch heute ihre heilende Quelle, aus der sie schöpfen.

Die vierte Sehnsucht, die jeder kennt, wenn er an gelingendes Leben denkt, ist die Sehnsucht nach guten Beziehungen. In jedem steckt die Sehnsucht, zu lieben und geliebt zu werden. Die Sehnsucht wird oft in der Partnerschaft erfüllt. Aber vor der Partnerschaft machen wir schon die Erfahrung, von den Eltern geliebt zu werden. Und wir erleben, dass uns die Geschwister lieben – und wir sie. Diese Liebe zu den Geschwistern ist nicht romantisch, sondern sie drückt sich durchaus auch in vielen Streitereien aus. Aber bei allen Reibereien liebt man doch den Bruder oder die Schwester. Und nach jedem Streit versöhnt man sich wieder. Man spielt miteinander, als ob nichts gewesen wäre. So ist es eine realistische Liebe, die uns vieles lehrt, auch für die künftige Liebe in einer Ehe. Und diese bodenständige Liebe, die wir im Kreis der Geschwister lernen, lässt uns auch an die Liebe an sich glauben, selbst wenn wir in der Firma oder in der kirchlichen oder politischen Gemeinde viele Konflikte erleben.

Die Liebe hat verschiedene Facetten. Da ist die erotische Liebe, die in der Partnerschaft erlebt wird. Aber es ist auch die Liebe, die uns trägt. Diese erfahren wir mit den Geschwistern. Wir fühlen uns verbunden mit ihnen. Wir erleben, dass uns jemand zur Seite steht, wenn es uns nicht so gut geht, dass wir mit dem Bruder oder mit der Schwester sprechen können, wenn wir Erfahrungen machen, die für uns neu sind. Wenn Kinder in der Pubertät sind, sprechen sie nicht zuerst mit den Eltern über die manchmal verunsichernden Erfahrungen, die sie machen, sondern mit ihren älteren Geschwistern. Dieses Erleben mit den Geschwistern ist für den Psychotherapeuten Theodor Seifert eine wichtige Voraussetzung, dass die Liebe auch im Leben gelingt, sowohl die partnerschaftliche Liebe als auch die Beziehungen im beruflichen oder freundschaftlichen Umfeld. Er schreibt: »Einzelkinder mögen es scheinbar ›besser‹ haben als solche, die sich mit ihren Geschwistern auseinandersetzen, ihnen gegenüber ihre Ansprüche behaupten, ihre Wünsche vortragen oder eben auch einfühlend beschränken müssen. Sie haben aber geringere Chancen, jene Form der Liebe und Treue, der sozialen Verantwortung und unverbrüchlichen Gemeinschaft zu erleben, die Geschwister füreinander entwickeln und die im Erwachsenenleben so viel wert ist. Im geschwisterlichen Miteinander werden Lebenserfahrungen möglich und Verhaltensweisen eingeübt, die als tragfähige Basis unseres sozialen Lebens überhaupt, in kleinen Partnerschaften wie in großen Gruppen, gesehen werden können.«[8] Die Erfahrung mit den Geschwistern ist eine entscheidende Hilfe, dass die Liebe gelingt. Und vom Gelingen der Liebe hängt das Gelingen des Lebens ab.

Die fünfte Sehnsucht des Menschen ist die nach sozialer Kompetenz. Die soziale Kompetenz bezieht sich nicht nur auf ein Verhalten, das die Betriebswirtschaft als eine wesentliche Voraussetzung für eine gute Führungskraft sieht. Soziale Kompetenz meint mehr. Es ist die Fähigkeit, auch im Freundeskreis Menschen miteinander zu verbinden, gute soziale Kontakte aufzubauen. Und es ist die Fähigkeit, mit Vertrauen und Hoffnung zu leben. So viele Menschen leiden heute unter Ängsten vor der Zukunft oder unter der Angst, von andern nicht anerkannt zu werden, allein und isoliert dazustehen in dieser Welt. Als Kind in einer vertrauensvollen Umgebung voller Liebe und Zärtlichkeit aufzuwachsen, tut uns unendlich gut und ist wichtig, damit auch wir später anderen Vertrauen schenken können, auch das Vertrauen, dass am Ende alles gut wird.

Ein anderer Aspekt der sozialen Kompetenz besteht darin, dass wir gute Beziehungen zu Freunden entwickeln. Und auch, dass wir fähig sind, eine Partnerschaft aufzubauen. Viele Menschen, die ohne Geschwister aufgewachsen sind, tun sich später schwer, sich auf einen Partner oder eine Partnerin einzulassen. Sie haben Angst vor zu großer Nähe. Denn der Freund, die Freundin könnte ja unsere eigene Wahrheit erkennen. Und die ist meistens nicht so schön, wie wir uns nach außen hin darstellen. Die Erfahrung mit den Geschwistern hat uns gezeigt, dass wir uns selbst nichts vormachen können. Die Geschwister kennen uns auch mit all unseren Schwächen. Aber sie nehmen uns so an, wie wir sind. Das ist eine Hilfe, sich auf einen Partner einzulassen. Wir vertrauen dann darauf, dass er uns auch so annimmt, wie wir sind, mit all unseren Fehlern und Schwächen.

Einzelkinder erwarten oft vom Partner, dass er ihnen das Gefühl der Einsamkeit nimmt. Doch damit überfordern sie den anderen häufig. Die Geschwisterliebe befähigt uns zu einer tragfähigen Liebe, die ein angemessenes Verhältnis von Nähe und Distanz lebt.

Soziale Kompetenz ist die Voraussetzung, eine gute Führungskraft zu werden. Nur derjenige kann gut führen, der den Menschen kennt und dazu fähig ist, sich auf den anderen einzulassen, ihn zu verstehen, anstatt ihn direkt zu bewerten. Und die soziale Kompetenz von Führungskräften besteht darin, die Mitarbeiter einer Firma miteinander zu verbinden.

Wir erleben immer wieder Mitarbeiter, die nur schwer mit den Kollegen und Kolleginnen auskommen. Sie haben oft in ihrer Kindheit keine soziale Kompetenz im Kreis von Geschwistern gelernt. Die Erfahrung mit den Geschwistern macht uns sensibel für den anderen. Sie befähigt uns, auch andere Menschen miteinander zu verbinden und sie miteinander zu versöhnen.

Das ist heute eine große Sehnsucht nicht nur des Einzelnen, sondern der gesamten Gesellschaft: dass wir Menschen brauchen, die Versöhnung stiften, die die verschiedenen Gruppierungen in der Gesellschaft zusammenbringen und Spaltung verhindern. Die Erfahrungen mit Geschwistern geben uns diese Fähigkeit, zu verbinden, Brücken zu bauen, anstatt Gräben aufzureißen. Gerade Politiker bräuchten diese soziale Kompetenz. Und wenn wir in die Politik schauen, sind es vor allem Politiker, die eine gute Geschwistererfahrung gemacht haben und daher fähig sind, in der Gesellschaft das Gefühl von Verbundenheit hervorzurufen. Das ist die Voraussetzung, damit eine gute Politik gemacht wird.

Ich habe nur fünf Sehnsüchte nach einem gelingenden Leben aufgezeigt, die mir wichtig erscheinen. Damit wir diesen Sehnsüchten nahekommen, sind geschwisterliche Erfahrungen eine große Hilfe. Menschen, die ohne Geschwister aufgewachsen sind, haben es oft schwerer. Sie müssen später in ihrem Leben viele Entwicklungsprozesse nachholen, die Geschwister in ihrem Miteinander schon von Kindheit an gelernt haben. Sie müssen lernen, mit Konflikten so umzugehen, dass es nicht zu einem heillosen Streit oder zu unüberbrückbaren Gegensätzen kommt. Sie müssen lernen, den andern zu verstehen und ihm den Raum zu geben, den jeder für sich braucht, um gut leben zu können.

In Gesprächen frage ich oft Menschen, deren Leben nach ihrem Empfinden nicht gelungen ist oder die zumindest darüber klagen, dass sie mit ihrem Leben nicht gut zurechtkommen, wie die Beziehung zu den Geschwistern ist. Und da erlebe ich häufig, dass Menschen, denen es heute nicht gut geht, auch oft keine guten Geschwisterbeziehungen haben. Doch Menschen, die mit sich zufrieden sind, erzählen mir oft, dass sie sich von ihren Geschwistern unterstützt fühlen. Sie können jederzeit zu ihnen kommen, wenn es ihnen nicht so gut geht. Sie fühlen sich getragen, weil sie als Kind in einer vertrauensvollen Umgebung aufgewachsen sind. Natürlich ist das nur ein subjektiver Eindruck. Aber mein Bauchgefühl sagt mir, dass gute Geschwisterbeziehungen wesentlich zum Gelingen des Lebens beitragen.

Wir sollten dankbar sein, wenn wir in unserem Miteinander der Geschwister eine Ahnung davon bekommen haben, wohin uns die fünf Sehnsüchte führen möchten. Und wir sollten Gott danken, wenn wir im Blick auf unsere Geschwister sagen dürfen: Ich bin im Einklang mit mir und meinem Leben, ich fühle mich verbunden mit meinen Geschwistern und von ihnen getragen. Ich vertraue dem Leben. Und ich weiß, dass ich nie ins Leere fallen werde. Ich werde aufgefangen von meinen Geschwistern und natürlich von Gott. Aber das Vertrauen auf Gott nährt sich vom konkreten Vertrauen, das ich mit meinen Geschwistern erfahren habe.

3. WAS KÖNNEN ELTERN TUN, DAMIT DIE GESCHWISTER SICH VERTRAGEN?

Man darf nicht den Eltern die Schuld geben, wenn sich die Geschwister nicht vertragen. Es sind immer auch die Reaktionen der Geschwister, für die sie selbst verantwortlich sind. Aber es gibt doch einige Grundregeln, die Eltern beachten sollten. Zunächst sollen sie versuchen, die Kinder gerecht zu behandeln. Das ist nicht einfach. Jesus sagt, wir sollen hungern und dürsten nach Gerechtigkeit, er weiß, wie wichtig dies für ein gelingendes Leben ist.

Alle Eltern wollen ihre Kinder gerecht behandeln. Aber mit dem einen Kind fällt es ihnen leichter umzugehen als mit dem anderen. Der Sohn hat zum Beispiel etwas Drolliges, Liebenswertes an sich. Er gewinnt die Eltern einfach mit einem Lächeln für sich, egal, was er gerade angestellt hat. Das ist einfach so. Mit der Tochter führen die Eltern stattdessen meist lange Diskussionen, egal um was es geht, bevor etwas geschieht. Sie lässt sich nichts sagen, hört einfach weg, dreht sich mitten im Gespräch um und geht. Wenn etwas von ihr verlangt wird, sagt sie kategorisch »nein«. Oder die Eltern empfinden es zumindest so. Selbst, wenn die Tochter einmal wider Erwarten »ja« sagt, spüren sie, dass sie eigentlich »nein« meint.

Auch wenn man ihr etwas Gutes tut, gibt sie patzige Antworten, benimmt sich schlecht. Da ist es nur natürlich, dass die Eltern die Lust daran verlieren, es mit ihr immer wieder aufs Neue zu probieren. Dass ein derartiges Verhalten in der Pubertät normal ist, weiß jeder, der Kinder hat. Der Verstand sagt einem, dass es in solchen Situationen darauf ankommt, ruhig und gelassen zu bleiben. Die pubertierenden Kinder wollen ihre Grenzen ausloten, probieren, was man den Eltern abtrotzen kann. Und sie wollen sich nichts sagen lassen, was ihnen gegen den Strich geht. Aber wie schwer ist es, dann in der Situation richtig zu reagieren? Unsere Emotionen kochen hoch, wir können das jetzt nicht dulden!

Oft sagen Geschwister über sich selbst: Der Bruder ist ein Mutterkind und die Tochter ein Vaterkind. »Mamas Liebling«, »Papas Prinzessin«. Aber auch hier gibt es keine festen Rollenbilder. Manchmal ist einfach die Nähe zur Mutter größer, manchmal zum Vater. Und die Kinder entwickeln dann Strategien, um den Vater oder die Mutter für sich zu gewinnen. Die Eltern sollen das offen wahrnehmen und sich darüber austauschen, damit kein Kind zu kurz kommt.

Oft übersehen die Eltern die Geschwisterrivalität, die durch die Geburt eines weiteren Kindes entsteht. Es ist einfach eine Herausforderung für den Erstgeborenen, jetzt zurückzutreten und dem Jüngeren Vortritt zu lassen, auch in der Beanspruchung der Mutter.

Ich habe einmal eine Geschichte gehört, dass der ältere Bruder plötzlich nicht mehr laufen konnte, als er ein Geschwisterchen bekam. Wenn er aus seinem Bettchen gehoben wurde, knickten ihm die Beine weg, und er fiel zu Boden. Ein Arzt konnte kein medizinisches Problem feststellen. Es war ein seelisches Leiden. Der Junge wollte wieder klein und hilfsbedürftig sein, um die volle Aufmerksamkeit der Eltern zu bekommen. Nachdem man ihm – durch die vermeintliche Erkrankung – Beachtung schenkte, war das Problem nach nur einem Tag verschwunden. Wenn man den Jungen aus dem Bett hob, rannte er seinen Eltern mit ausgebreiteten Armen entgegen.

Manche Eltern sind stolz, dass die ältere Schwester oder der ältere Bruder sich liebevoll um die jüngeren kümmert. Aber auch dahinter kann eine Strategie stecken, die Liebe der Eltern nicht zu verlieren. Es ist dann nicht gut, die älteren Kinder in der Sorge für die jüngeren zu bestärken. Denn dann tun sie immer mehr, um gesehen zu werden. Und sie erkennen: Ich werde von den Eltern nur geliebt, wenn ich brav bin, wenn ich für die jüngere Schwester sorge. Aber ich zähle nicht als eigenständige Persönlichkeit und werde nicht um meiner selbst willen gesehen und geliebt. Das alles spielt sich natürlich meist im Unbewussten ab. Die Kinder können es nicht in Worte fassen, aber es hinterlässt Spuren in ihrer Seele. Es ist deshalb wichtig, sich mit den Älteren zu beschäftigen, auch wenn eigentlich das kleine Baby oder die jüngere Schwester gerade alle Kräfte brauchen.

Ganz gerecht werden Eltern auch beim besten Willen den Bedürfnissen der Kinder sicherlich nicht. Sie brauchen deshalb keine Schuldgefühle zu haben. Es gibt ohnehin keine vollkommene Gerechtigkeit, auch später im Leben nicht.

Aber sie sollten darauf achten, dass sie jedes Kind in seiner Eigenart genügend wahrnehmen und sich ihm immer wieder liebevoll zuwenden.

Schlimm ist es für die Kinder, wenn sie von den Eltern benutzt werden. Da wird der Sohn von der Mutter als Prinz behandelt. Aber zugleich wird er dazu benutzt, dass die Mutter ihm ihre Unzufriedenheit mit dem Vater erzählt. Der Sohn wird zum Vertrauten und manchmal auch zum Verbündeten. Dadurch gerät er in einen großen inneren Zwiespalt. Er liebt den Vater, hört aber jetzt lauter schlechte Dinge über ihn. Wie kann dieser so mit seiner Mutter umgehen? Weshalb missachtet er sie, wie es seine Mutter sagt. Weshalb enthält er ihr etwas vor? Innerlich stellt er sich so mehr und mehr auf die Seite seiner Mutter: Wie kann sein Vater so mit ihr umgehen?

Ein Mann erzählte mir, dass er ein Grundmisstrauen in sich hat, weil eben seine Mutter den Vater, der eigentlich ein liebevoller Mann war, ständig schlechtgemacht hat. Er konnte seinen eigenen Gefühlen dem Vater gegenüber nicht trauen, weil da ständig die negativen Aussagen der Mutter diese Gefühle als falsch hingestellt haben. So kann er bis heute seinen Gefühlen nicht trauen und hat dadurch auch ein Misstrauen andern Menschen gegenüber, vor allem das Misstrauen, von andern benutzt zu werden.

Ähnlich ist es, wenn die Mutter die Tochter als Vertraute benutzt, um über die Schlechtigkeit der Männer am Beispiel des eigenen Ehemannes zu jammern. Auch das führt zu einem Gefühlschaos. Denn die Tochter kennt sich dann auch mit ihren eigenen Gefühlen nicht mehr aus. Auf der einen Seite liebt sie den Vater. Jetzt hört sie, dass er ein schlechter und böser Mann ist. Sie kann diese verschiedenen Gefühle nicht einordnen und fühlt sich innerlich zerrissen. Und sie weiß nicht, wem sie trauen soll oder kann. Sie wird sich dann vermutlich als Erwachsene mit Männern schwertun und Probleme haben, eine tragfähige Beziehung einzugehen. Wird ihr Partner nicht auch so sein wie ihr Vater, vor dem sie ihre Mutter immer gewarnt hat? Sie wird immer die Botschaften der Mutter über die Männer im Ohr haben, wenn sie einem Mann begegnet.

Wenn Eltern ihre Kinder benutzen, wird das zu einer Spaltung führen, wenn die Kinder erwachsen sind. Der Bruder wird seinem Bruder, der immer der Liebling der Mutter war, nicht gerne begegnen. Er wird ihm die mangelnde Liebe, die er bei seiner Mutter ihm gegenüber immer wieder vermisst hat, heimzahlen. Sein hartes Verhalten dem Bruder gegenüber gilt letztlich der Mutter. Er möchte sich für den Mangel an Liebe rächen. Der Psychoanalytiker Albert Görres meint, oft sei das Böse ein nachträgliches Begleichen alter Rechnungen bei den falschen Schuldnern. Der Sohn begleicht seine offene Rechnung, die er der Mutter gegenüber hat, bei seinem Bruder. Und der weiß gar nicht, wie ihm geschieht. Denn er persönlich hat ja nichts gegen seinen Bruder. Oder die Schwester rächt sich an ihrem Ehemann auf subtile Weise für das Verhalten, das ihre Mutter immer wieder an ihrem Vater kritisiert hat.

Die Gefahr, dass die Kinder für die eigenen Bedürfnisse benutzt werden, ist vor allem bei einer Trennung der Eltern groß. Der Vater nimmt seine Tochter beiseite, um ihr gegenüber zu begründen, wie schwierig die Mutter ist und dass sie vor allem schuld sei an der Trennung. Oder die Mutter versucht immer wieder, den Sohn von der Schlechtigkeit des Vaters zu überzeugen. Dieses Vorgehen spaltet die Geschwister untereinander. Die einen halten zur Mutter, die andern zum Vater. Der eine zieht mit der Mutter aus, die andere bleibt beim Vater. Und wenn es dann auf der einen oder anderen Seite schwierig wird, wechselt man die Bezugsperson. Aber so einfach ist das nicht. Manche bleiben dadurch lange Zeit heimatlos.

Und die Geschwisterbeziehung ist auf Dauer belastet.

Wenn die Kinder bei der Mutter leben, muss die Mutter mit den Kindern die täglichen Probleme bewältigen. Sie muss immer wieder Grenzen setzen, damit die Kinder sich gut entwickeln. Dann kommen sie jedes zweite Wochenende zum Vater. Der verwöhnt sie. Das lieben sie natürlich. Sie merken dann oft zunächst gar nicht den Schmerz, den er ihnen zugefügt hat, als er sie verlassen hat. Aber irgendwann kommt das ganze Elend dann doch an die Oberfläche, oftmals nach Jahren.

Eine Mutter von zwei Söhnen erzählte mir, ihr Mann, von dem sie sich trennen musste, weil er gewalttätig war, habe ihren jüngsten Sohn so manipuliert und so gegen sie aufgebracht, dass sie ihn nie mehr sehen kann. Der Sohn hat auch den Kontakt zu seinem älteren Bruder abgebrochen. Wahrscheinlich hat der Vater ihm verboten, mit seinem Bruder zu sprechen. Sonst könnte er verunsichert werden. Früher hat der jüngere Sohn eine gute Beziehung zum älteren Bruder gehabt und zu ihm aufgeschaut als dem Stärkeren, der ihm Halt gibt.

Es ist ein großes Unrecht, wenn ein Vater seinen Sohn so manipuliert, dass er seinem Gefühl, mit der Mutter in Kontakt zu kommen, Gewalt antun muss – oder dass er die Beziehung zu seinem älteren Bruder abbrechen muss. Denn von sich aus möchte jeder mit seinem älteren Bruder Kontakt haben, vor allem wenn der ältere für ihn eigentlich eine Stütze ist und die beiden sich bisher immer gut verstanden haben. Der Vater rächt sich an seiner Ex-Frau, indem er den Sohn benutzt, ihn vereinnahmt und ihn beherrscht.

Die Scheidung der Eltern belastet nicht nur die Entwicklung der Kinder. Oft genug bringt sie auch eine dauerhafte Spaltung zwischen den Geschwistern mit sich. Weil eine Schwester von sich aus den Kontakt zum Vater aufnimmt, der sich jahrelang nicht um die Kinder gekümmert hat, wird sie von den andern Geschwistern abgelehnt. Sie wird als Verräterin gesehen.

Man schiebt ihr unlautere Motive unter. Sie möchte vom Vater nur Geld, oder sie möchte sich mit ihm gegen die Mutter verbünden, die so sehr unter der Trennung leidet. In manchen Geschwisterkreisen gibt es eine Festlegung, wie man den Vater oder die Mutter zu sehen hat. Wenn jemand aus dieser aufgezwungenen Sichtweise ausbricht und sich sein eigenes Urteil bilden möchte, wird er aus dem Kreis der Geschwister ausgeschlossen. Geschwister können uns tragen. Aber es gibt auch Geschwisterkonstellationen, die einengen, die einem eine feste Meinung aufzwingen.

Ich höre immer wieder von Geschwistern, die sich nach der Scheidung der Eltern zusammentun und miteinander ihren Weg gehen. Wenn schon die Eltern sich scheiden lassen, so wollen die Geschwister wenigstens zusammenhalten. Das kann dann zum Segen werden für die Geschwister. Sie reagieren auf reife Weise auf die Scheidung der Eltern. Sie lassen sich nicht voneinander trennen und sich auch nicht von einem der Elternteile vereinnahmen. Sie bilden von sich aus die Familie. Sie lassen dabei Vater und Mutter den ihnen gebührenden Raum. Aber sie gestalten selbstständig ihr Miteinander.

Ein wichtiger Grundsatz für die Eltern ist daher, dass sie die Kinder nie für die eigenen Bedürfnisse nach Nähe, nach Verständnis oder nach Liebe benutzen. Und dass sie sich bei einer Scheidung nie vor ihren Kindern rechtfertigen und alle Schuld auf den Partner schieben.

Es gibt natürlich auch Kinder, die ihre Eltern instrumentalisieren, um ihre eigenen Bedürfnisse zu verwirklichen. Das beginnt schon beim Streit zwischen den Geschwistern. Manche Geschwister kennen den Trick, den Vater oder die Mutter als Hilfe gegen den Bruder oder die Schwester herbeizurufen. Sie wissen, wenn sie laut genug schreien oder weinen, dann kommt die Mutter sofort und versucht, den Streit zu schlichten. Der andere Geschwisterteil fühlt sich dann ungerecht behandelt. Denn wer die Mutter zu Hilfe ruft, schildert die Situation immer zuerst aus seiner Sicht. Die andere Stimme, die sich dann zu Wort meldet, wird manchmal kaum gehört. Erst recht dann, wenn man weinend den blutigen Kratzer am Arm vorzeigen kann, den der Bruder oder die Schwester im Streit zugefügt hat. Ob es stimmt oder nicht, ob beide beteiligt waren und am Ende keiner mehr weiß, woher der Kratzer eigentlich kommt, spielt dann keine Rolle mehr. Einer ist schuld, der andere wird getröstet. Wenn die Mutter voreilig Partei ergreift und das zuerst Gehörte für wahr hält, ohne sich beide Versionen wirklich anzuhören, verletzt sie damit den anderen. Und wenn es meist so abläuft, schleifen sich über die Zeit bestimmte Verhaltensmuster ein. Die Schwester weint – der Bruder hat ihr bestimmt wieder etwas angetan. So ist es meistens – jetzt braucht man sich das alles überhaupt nicht mehr im Detail anzuhören, es wird auch dieses Mal so sein.

Erschreckend, dass solche Geschichten oftmals nach 40 Jahren noch präsent sind, wenn mir Menschen von ihren Geschwisterkonflikten erzählen. »Immer hat meine Schwester recht bekommen. Sie war Mamas Liebling. Ich wurde überhaupt nicht gehört. Sie hat alles bekommen, sie wurde getröstet. Und ich …«

Meine Eltern haben sich gar nicht eingemischt, wenn wir Geschwister uns gestritten haben. Wir waren sieben Geschwister, das habe ich schon erzählt. Wir haben viel miteinander gespielt. Aber natürlich haben wir auch immer wieder miteinander gestritten. Das geht gar nicht anders, wenn so viele Menschen auf engem Raum zusammen sind. Es ist natürlich, dass man sich erprobt, dazu auch Grenzen überschreitet.

Meine Mutter hat dem immer gelassen zugeschaut. Sie sagte öfters im Spaß: »Ich brauche nicht ins Theater zu gehen. Ich habe daheim genügend Theater, das mir meine Kinder vorspielen.« Dies hat aber dazu geführt, dass wir uns immer schnell wieder vertragen haben. Es waren meist die normalen Geschwisterstreitereien. Die gehören einfach zum Leben dazu.

Wenn solche Streitereien ohne die Einmischung der Eltern ausgetragen werden, lernen alle dabei, wie sie später auch im Leben mit Konflikten umgehen. Sie werden dann nicht stur auf ihrem Standpunkt beharren, sondern so wie in der Kindheit nach gangbaren Wegen suchen, einen Konflikt zu schlichten. Wenn es keinen übermächtigen Schiedsrichter gibt, keine Eltern, die in den Streit eingreifen – dann muss man sich selbst einigen.

Als meine älteste Schwester mit 14 Jahren bei der Beichte bekannte, dass sie sich öfter mit den Geschwistern gestritten hat, fragte der Priester sie, wie viele Geschwister sie denn hätte. Und als er »sechs« hörte, lachte der alte Beichtvater nur auf und sagte auf Bayrisch: »Ja, Madel, des ghört doch dazu.« Das hat sie entlastet und befreit – wurde doch der Geschwisterstreit früher oft in der Kirche als Sünde bezeichnet.

Meine älteste Schwester las damals Karl-May-Bücher. Dann probierte sie an uns aus, was sie gelesen hatte. Wir spielten Cowboy und Indianer. Den jüngsten Bruder band sie an einen Pfahl. Als er dagegen rebellierte, steckte sie ihm Gras in den Mund. Da spuckte er es aus und rief: »Wenn ich mal groß bin, dann werde ich es dir zeigen.« Aber es hat die Geschwisterliebe nicht dauerhaft gestört. Im Gegenteil, später konnten wir uns diese Streiche und Streitereien ganz fröhlich erzählen. Wir hatten einfach Fantasie und haben uns als Kinder selbst die Zeit vertrieben. Mein Vater blieb bei solchen Streitereien auch ganz ruhig. Er ermahnte meine älteste Schwester bei dieser Gelegenheit nur sanft, dass sie doch etwas milder mit den jüngeren Geschwistern umgehen sollte. Aber es gab nie eine Schuldzuweisung: »Du warst es allein«, oder: »Du hast angefangen.« Da wir sieben Geschwister waren, haben sich die Streitigkeiten schon im Umgang miteinander relativiert. Wir brauchten die Eltern nicht als Schiedsrichter. Die Geschwister selber haben ausgeglichen, wenn etwas nicht so in Ordnung war.

Als Jungen haben wir oft miteinander Fußball gespielt. Und wir waren alle ehrgeizig und wollten gewinnen. Da gab es auch oft Streit. Denn wenn einer gewinnt, verliert automatisch der andere. Wenn mein Vater den Streit vom Geschäft aus hörte, dann kam er heraus, ließ uns in zwei Reihen antreten und hielt uns einen Vortrag über deutschen Sportsgeist. Dann mussten wir uns die Hand geben und gemeinsam sprechen: »Hipp, hipp, hurra!« Das war dann für uns so lustig, dass der Streit einfach verflogen war. Mein Vater hat auch dann nicht gefragt, wer angefangen hat, wenn es heftig zur Sache ging. Er hat einfach das Ritual mit uns gemacht, das die Situation verwandelt hat. Und wir haben dieses Ritual respektiert. Es hat dem Streit das Bittere genommen. Und der Streit hat ja auch gezeigt, dass wir das Fußballspielen ernst genommen haben. Jeder wollte gewinnen. Das ist für mich auch später eine wichtige Schule geworden. Wenn ich eine Arbeit mache, dann will ich sie auch gut machen.

Ich wollte zum Beispiel zunächst nicht Cellerar im Kloster werden. Es war ein Gehorsamsakt gegenüber dem Ansinnen des Abtes. Ich wurde gebraucht, man hat mich ausgewählt, und ich habe die Aufgabe angenommen. Aber als ich Cellerar war, hatte ich auch den Ehrgeiz, die Aufgabe so gut wie möglich zu erfüllen und – wie im Fußballspiel – kreativ mit dem Ball, mit der Arbeit, umzugehen. Aber zugleich gehört zum Spiel die Fairness, zu erfahren, dass man auch verlieren kann. Denn wer nicht verlieren kann, wird auf Dauer auch nicht gewinnen.

Ich denke, diese Souveränität, die meine Eltern gegenüber den Geschwisterstreitereien hatten, hat dazu geführt, dass sich keiner von uns ungerecht behandelt fühlte. Natürlich gab es ein Gefälle zwischen den

Kleinen und Großen. Die ältere Schwester Linda bekam zu Weihnachten eine Puppe mit wunderbaren Haaren. Die sah einfach toll aus. Die jüngere bekam die haarlose Puppe meiner Schwester, nur mit neuen Kleidern schön angezogen. In der Nachkriegszeit konnte nicht viel Geld für Geschenke ausgegeben werden. Meine jüngste Schwester packte bei der Weihnachtsbescherung ihre Puppe aus und warf sie zornig in die Ecke. Die ältere Schwester hatte die schönere Puppe bekommen, ihre war dagegen richtig hässlich. Und sie wollte lieber die andere haben!

Mein Vater nahm sich geduldig Zeit für meine jüngste Schwester und erzählte ihr, wie schön diese Puppe sei, wie wunderbar die Augen leuchteten und wie entzückend sie in den Kleidern aussah. Nachdem er ihr geduldig einen Vortrag über die Vorzüge ihrer Puppe gehalten hatte, warf sie die Puppe wieder in die Ecke. Mein Vater konnte sie offensichtlich nicht überzeugen. Aber er hat dann nicht ärgerlich reagiert, sondern einfach gelacht – auch über die Hartnäckigkeit seiner Tochter. Sein behutsames, liebevolles Vorgehen hat der Enttäuschung und der Wut seiner Tochter etwas den Wind aus den Segeln genommen. Sie war für den Moment enttäuscht und traurig, aber sie hat nicht vor Zorn geschrien, wie es sonst in solchen Situationen immer wieder vorkommt. Und das war für alle in Ordnung. Wir haben uns dann alle der jüngsten Tochter zugewandt. Dann war für sie Weihnachten auch schön.

Ich höre immer wieder von Eltern, die ständig von der erfolgreichen Tochter sprechen und sie in den Himmel heben. Wenn sie dabei die andere Schwester nicht genügend beachten, erlebt diese das Lob ihrerseits als Kränkung und Zurückweisung. Es macht sie bitter und fördert nicht die Beziehung zu ihrer Schwester. Im Gegenteil, sie wird auf ihre ständig gelobte Schwester ärgerlich. Oder die Eltern schwärmen nur vom Sohn, der geheiratet hat, dessen Familie und den Enkelkindern. Das tut oft den andern Geschwistern, die noch nicht verheiratet sind, weh. Sie fühlen sich weniger beachtet, und das permanente Schwärmen über die tolle Familie nervt.

Natürlich ist es gut, dass Eltern sich freuen, wenn ihre Kinder ihnen Enkelkinder schenken. Aber es ist dann auch wichtig, sich bewusst um die anderen Kinder der eigenen Familie gut zu kümmern. Die eine Schwester ist einsam, auf der Suche nach einem passenden Partner. Ihr Bruder wünscht sich Kinder, aber seine Frau kann keine bekommen. All dies gilt es im Blick zu behalten, wenn man sich für die ersten Enkelkinder begeistert. Und oftmals sind die unscheinbaren Dinge entscheidend. Wahrzunehmen, was den einen oder die andere bedrückt. Wo unerfüllte Sehnsüchte existieren und eine schnell gemachte Bemerkung über lange Zeit die Atmosphäre des Miteinanders vergiften kann.

Auf alle Rücksicht zu nehmen und jeden im Blick zu behalten, das wird nie ganz gelingen. Und es liegt auch nicht nur an den Eltern. Denn die jüngere Schwester, die noch nicht verheiratet ist und sich schwertut, einen Partner zu finden, muss sich ja auch mit ihrer eigenen Situation aussöhnen. Weil sie selbst unter ihrer Situation leidet, ist sie besonders empfindlich, wenn die Eltern die Familie des Bruders allzu sehr loben.

Manchmal benutzen erwachsene Geschwister ihre Eltern, um sich über den Bruder oder die Schwester zu beschweren. Auch hier gilt es aufmerksam zu sein: Wenn die Eltern sich in dieser Weise instrumentalisieren lassen, dann verstärken sie die Spaltung zwischen den Geschwistern. Es ist gut, wenn sie ihre Kinder anhören. Aber sie dürfen möglichst nie Partei ergreifen, sondern sollten ihre Kinder ermutigen, alle Probleme miteinander zu klären. Auch das Moralisieren nutzt nichts: »Vertragt euch doch. Wir möchten, dass Frieden in unserer Familie herrscht.« Solche Moralappelle bringen die Geschwister nicht zueinander. Besser wäre es, wenn die Eltern jedes Kind anhören, nachfragen, was es an diesem Punkt schmerzt, wie es damit umgehen möchte, was ihm helfen könnte. Wenn die Eltern sich nur als »Mülleimer« von ihren Kindern benutzen lassen, helfen sie ihnen nicht. Im Gegenteil, irgendwann wird es ihnen zu viel, all die Vorwürfe, die bösen Bemerkungen und die üble Nachrede zu schlucken. Dann verschlucken sie sich daran. Die Eltern sollten vielmehr an die Verantwortung der Kinder appellieren, die Zwistigkeiten selbst zu klären.

Manchmal sind Geschwister derart zerstritten, dass sie nicht mehr gemeinsam zum Geburtstag der Eltern kommen. Sie stellen dann die Eltern vor die Alternative: Entweder der kommt oder ich. Wenn die Eltern sich dadurch erpressen lassen, verstärken sie die Spaltung. Sie sollen dabei bleiben, dass alle eingeladen sind. Wenn einer nicht kommt, ist es seine Entscheidung.

Eltern wollen es grundsätzlich meist ihren Kindern recht machen. Aber oft sind sie in ihrem Handeln hilflos. Sie fühlen sich unter Druck gesetzt, vielleicht sogar erpresst und wissen nicht, wie sie angemessen reagieren sollen, wenn eines ihrer Kinder sie vor die Alternative stellt: entweder sie oder ich. Oft hilft es, wenn die Eltern verlangen, dass alle Geschwister kommen und man sich im Familienkreis gemeinsam ausspricht. Und wenn das nicht geht, dann sollen sie einen Mediator dazunehmen. Vielleicht einen guten Freund der Familie, einen, den alle akzeptieren können. Solche Gespräche werden nicht einfach. Aber weder die Eltern – falls sie dabei sind – noch die Geschwister sollten erschrecken vor den Vorwürfen, den Verletzungen, die bei solchen Gelegenheiten hochkommen. Oftmals werden alte Geschichten ausgegraben, die Jahre, wenn nicht Jahrzehnte zurückliegen. Sie schwingen auch beim aktuellen Konflikt immer noch mit. Wesentlich ist dabei: Alles, was ausgesprochen wird, kann auch behandelt werden. Sich dem Gespräch zu verweigern und die Eltern für die eigenen Anliegen zu benutzen, hilft der Familie nicht weiter.

Paulus sagt: »Alles, was aufgedeckt wird, wird vom Licht erleuchtet.« (Eph 5,13) Wenn die alten Verletzungen und Vorurteile und Missverständnisse aufgedeckt werden, auch wenn sie den andern wehtun, kann

Licht in die Dunkelheit kommen, und die Verhärtungen können in ein neues Miteinander verwandelt werden. Der Umgang untereinander wird anschließend vermutlich nicht von Feindschaft in ein harmonisches Miteinander übergehen. Oft ist schon viel erreicht, wenn ein faires Nebeneinander möglich ist.

Wenn die Geschwister zerstritten sind, bekommen die Eltern immer Schuldgefühle. Sie fragen sich: Was haben wir verkehrt gemacht, dass die Kinder sich nicht vertragen? Es ist wichtig, sich dieser Frage zu stellen. Aber die Eltern sollten nicht alle Schuld auf sich nehmen. Sie sollen sich eingestehen: Wir haben gegeben, soviel wir geben konnten. Anscheinend hat es nicht für alle Geschwister gereicht. Vermutlich haben die Geschwister das, was wir gegeben haben, verschieden wahrgenommen. Die Eltern sollten sich weder gegenseitig beschuldigen noch voreinander rechtfertigen müssen. Sie können stattdessen die Vergangenheit Gott hinhalten und darauf vertrauen, dass er das, was war, in Segen verwandeln wird. Im Gebet für ihre Kinder dürfen sie hoffen, dass Gott auch aus den Krisen zwischen den Geschwistern noch Segen entstehen lässt. Wenn die Eltern sich wechselseitig beschuldigen, schwächen sie sich selbst. Und dann helfen sie auch den zerstrittenen Geschwistern nicht. Wenn sie jedoch im Gebet Hoffnung schöpfen, dann werden sie zwischen den zerstrittenen Geschwistern einen Pol der Ruhe und der Zuversicht bilden, der vielleicht auch wieder Ruhe in den Streit zwischen den Geschwistern bringt.

4. GESCHWISTERLICHE KONSTELLATIONEN

Wir dürfen die Eltern nicht verantwortlich machen für alle Geschwisterprobleme. Jirina Prekop schreibt in ihrem Buch: »Geschwisterrivalität, das ist inzwischen wissenschaftlich erwiesen, entsteht mit allen ihren Folgen wie Feindseligkeit, Neid, Ehrgeiz, Streben nach Dominanz und Unterdrückung auch unabhängig von dem Einfluss der Eltern. Sie entsteht innerhalb der Geschwistergruppe und entwickelt ihre eigene Dynamik.«[9] Zu dieser Erkenntnis hat unter anderem auch die Beobachtung vieler Tiere geführt. Hier kann man sehen, wie verschiedene Arten miteinander umgehen. Da gibt es die zärtliche Fürsorge der älteren Geschwister für die Schwächeren. Aber es gibt auch das Verstoßen der schwächeren Vögel aus dem Nest.

Ein Prinzip, das Frank J. Sulloway entdeckte, ist das der Divergenz. Wenn zwei Geschwister im begrenzten Raum der Familie leben, können sie nicht ständig um die Dominanz kämpfen. Dabei würden sie sich aufreiben. So sucht sich jedes Kind seine Nische. Und deshalb entwickeln sich die Geschwister ganz anders, obwohl sie die gleichen Eltern haben und im selben Haus aufgewachsen sind. Sulloway schreibt: »Es liegt in der Stellung von Erstgeborenen, dass sie sich stärker mit Macht und Autorität identifizieren. Erstgeborene kommen als Erste in die Familie, und sie nutzen ihre überlegene Größe und Stärke, um diese besondere Stellung zu verteidigen. Sie sind bestimmender, sozial dominanter, ehrgeiziger, eifersüchtiger auf ihren Status bedacht und gleichzeitig defensiver als ihre jüngeren Geschwister. Diese wiederum neigen aufgrund ihrer untergeordneten Position im Familiensystem dazu, den Status quo infrage zu stellen und unter bestimmten Bedingungen auch eine ›revolutionäre Persönlichkeit‹ zu entwickeln.«[10] Man könnte diese Beschreibung gut auf das Gleichnis Jesu vom verlorenen Sohn und seinem älteren Bruder anwenden. Und ich erlebe öfters in Gesprächen, dass jüngere Geschwister sich eine Nische suchen, wenn die älteren Geschwister z. B. in der Schule oder im Sport gut sind. Dann engagieren sie sich in einem anderen Bereich, in dem sie glänzen können. Die einen machen wunderbare Musik, andere stechen mit ihren schulischen Leistungen hervor. Und manche flüchten sich in eine Krankheit. Sie werden magersüchtig, andere haben permanent starke Kopfschmerzen. Für sie ist die Krankheit dann der einzige Weg, gesehen und geliebt zu werden.

Amerikanische Kinderpsychologen haben den Einfluss der Geschwister auf die Entwicklung des einzelnen Kindes untersucht. Es gibt zu diesem Thema auch mehrere Forschungsprojekte. Sie haben ergeben: Erstgeborene sind »allgemein mehr auf Erwachsene orientiert, gewissenhafter und für Schuldgefühle anfälliger, leistungsbewusster, anschlusswilliger, stärker an einem kooperativen und verantwortungsbewussten Handeln interessiert, nachgiebiger gegen soziale Pressionen und stärker geneigt, sich Beschäftigungen (Berufe) im Sinne einer Ersatzelternrolle (zum Beispiel Lehrer) zu suchen.«[11] Allerdings hängt das Verhalten der Geschwister immer auch davon ab, ob man einen älteren Bruder oder eine ältere Schwester, einen jüngeren Bruder oder eine jüngere Schwester hat. Noch einmal ein Auszug aus einer Studie: »Im Allgemeinen hatten Kinder mit Brüdern mehr ›maskuline‹ Züge als Kinder mit Schwestern. Die Mädchen mit Brüdern waren im Vergleich zu den Mädchen mit Schwestern ehrgeiziger und aggressiver; sie schnitten bei Tests der intellektuellen Fähigkeit besser ab. Mädchen mit älteren Brüdern hatten mehr vom ›Wildfang‹ an sich als Mädchen mit älteren Schwestern. Knaben mit älteren Schwestern waren weniger aggressiv und wagemutig als Knaben mit älteren Brüdern.«[12] Natürlich sind das nur statistische Ergebnisse. Aber es ist interessant, wie stark sich die Kinderpsychologie auch mit der Beziehung zwischen Geschwistern beschäftigt. Ein wichtiges Thema dabei ist die Geschwisterrivalität. Sie gibt es in allen Familien. Die Kinderpsychologen meinen, dass sie am größten ist, »wenn die Kinder nur geringe Altersunterschiede aufweisen und alle in den mittleren Kinderjahren stecken«.[13] Den Eltern geben die Psychologen folgenden Rat: »Im Allgemeinen können Eltern geschwisterliche Rivalität am besten dadurch verringern (wenn auch nicht ausschalten), dass sie es vermeiden, ein Kind am anderen zu messen, sondern alle mit gleicher Fairness behandeln und sich aus kleinen Kabbeleien heraushalten.«[14]

Man darf aus all den Erkenntnissen der Kinderpsychologie kein Gesetz machen. In jeder Familie entwickeln sich die Geschwister auf ihre Weise. Wichtiger als statistische Auswertungen sind für mich immer die Erzählungen einzelner Menschen. Da erfahre ich, wie komplex das Leben sein kann. Ein Mann – Zweitgeborener unter drei Brüdern – erzählte mir, dass er mit sieben Jahren heimkam und beim Öffnen der Haustüre direkt von der Mutter angeschrien wurde. Er solle die Tür sofort wieder zumachen, weil sie den jüngsten Sohn gerade stillt und dabei nicht gestört werden will. Der Siebenjährige reagierte geschockt. So eine direkte Ablehnung hatte er noch nie erlebt. Die Mutter hatte den beiden älteren Söhnen gar nichts von ihrer Schwangerschaft erzählt. So war er völlig überrascht, dass auf einmal ein jüngerer Bruder da war – und dass dieser offensichtlich die Mutter völlig verändert hatte. Denn in einer derartigen Art und Weise hatte sie noch nie zuvor mit ihrem Sohn gesprochen. Durch die barsche Abweisung wurde der Junge völlig verunsichert.

Es ist eine wichtige Aufgabe der Eltern, ihre Kinder auf ein kommendes Geschwisterchen vorzubereiten. Dann können sie sich mit ihren Eltern freuen oder sich zumindest längere Zeit auf die neue Situation vorbereiten.

Die Abweisung hat den Mann auch noch als Erwachsenen beschäftigt und ihn empfindlich gemacht gegenüber Kritik und Ablehnung. Allerdings hat er seiner Mutter keine Vorwürfe gemacht. Einmal hatte er mit ihr darüber gesprochen. Sie konnte sich gar nicht mehr an dieses Ereignis erinnern.

Und er hat die Wunde als Herausforderung genommen, an sich zu arbeiten und daran zu reifen. Aber manchmal meldet sich das damals »abgelehnte Kind« in seinem Innersten, wenn er heute wie aus heiterem Himmel ein hartes Wort hört. So bleibt es eine lebenslange Aufgabe, uns mit solchen Wunden auszusöhnen. Es hilft nicht, die Wunden einfach zu kaschieren, sie zu leugnen oder zu verharmlosen. Sie sind ein Teil von uns. Aber sie können sich verwandeln in Segen.

Eine Frau erzählte mir, sie sei die Älteste von vier Geschwistern. Ihre Eltern wünschten sich als Erstgeborenen immer einen Sohn. So hatte sie das Gefühl, sie müsse wie ein Junge sein. Sie hat schwere Arbeiten verrichtet wie ein Junge und Verantwortung für die anderen Geschwister übernommen. Sie hat den Schmerz erlebt, dass sie nicht als Mädchen gesehen und angenommen wurde. Aber sie ist heute nicht verbittert. Sie hat in dieser Rolle als Erstgeborene, die eigentlich ein Junge sein sollte, viel für ihr Leben gelernt. Und sie hat sich mit ihrer Lebensgeschichte ausgesöhnt. So hält sie jetzt als Älteste die Familie zusammen. Und sie ist dankbar, dass sie durch die Rolle, die ihr die Eltern zugewiesen haben, innerlich gewachsen ist und die Frau geworden ist, die sie jetzt ist und mit der sie ganz und gar einverstanden ist.

Wenn es heißt, dass die ältesten Geschwister vor allem ihre Autorität in der Familie verteidigen, so stimmt das für meine älteste Schwester ganz und gar nicht. Sie pochte nicht als Erstgeborene auf ihre Stellung in der Familie. Sie zog vielmehr als Erste aus dem Elternhaus aus. Mit 18 Jahren ging sie als Au-pair-Mädchen nach Frankreich.

Das war damals noch total ungewöhnlich, geradezu revolutionär. Und auch später hat sie eher eine weite Sicht auf die Dinge entwickelt, vor allem, weil sie viel im Ausland war. Wenn wir anderen eine bestimmte, festgefügte Meinung hatten, die oftmals mit unserer Erziehung zusammenhing, ging sie in ihren Vorstellungen viel weiter. Wir müssen uns also hüten, eine feste Theorie über die Entwicklung der Geschwisterrivalität zu vertreten. Wenn ich mir überlege, was meine Schwester so in die Ferne getrieben hat, dann denke ich zuerst an meinen Vater. Er ist mit 24 Jahren einfach ins katholische Bayern gezogen, weil er sich geärgert hatte, dass er an katholischen Feiertagen in Essen-Katernberg arbeiten musste. Er hat den Mut besessen, einfach in die Fremde zu ziehen und ohne elterliche Hilfe ein neues Leben anzufangen. Es gibt oftmals mehrere Gründe, warum einige Geschwister sich so anders als alle anderen in der Familie entwickeln. Einige sind von Natur aus freiheitsliebend und wenig anpassungsfähig. Andere haben heftige Konflikte mit den Eltern, die sie aus dem Haus treiben. Und die Dritten finden es zu Hause einfach am schönsten – sie wollen nichts anders machen als die eigenen Eltern.

Meine älteste Schwester war trotz ihrer langjährigen Aufenthalte in Frankreich, Spanien und Italien immer in die Familie integriert. Und sie hat die Weite, die sie selbst gelebt hat, auch in die Familie hineingetragen.

In Gesprächen höre ich oft von sehr verschiedenen Vorstellungen, die Geschwister haben. Da hat eine Schwester den Eindruck, dass ihr Bruder nur auf das Geld aus ist. Er scheint nur am beruflichen Aufstieg und der nächsten Sprosse auf der Karriereleiter interessiert zu sein. Mit ihm kann sie nicht über persönliche Dinge sprechen. Ihr Eindruck ist: Er schaut einfach auf sie herab. Sie haben keinen Streit, aber auch keine großartige Verbindung. Sie vermeiden das Gespräch und die Begegnung. Die Verbindung reduziert sich auf Grüße zum Geburtstag und zu Weihnachten. Bei gemeinsamen Familienfeiern begrüßen sie sich, aber sie haben sich nicht viel zu sagen. Sie haben sich auseinandergelebt. Sie sind zu verschieden, als dass sie großes Interesse am andern hätten. Und vor allem spürt die Schwester auch die Verachtung des erfolgreichen Bruders. Mit jedem Satz macht er ihr klar: Das, was du auf die Reihe bringst, kann ich schon lange – und viel besser als du. Und schau her, was ich so alles leiste. Welche Erfolge ich Woche für Woche feiere, wie viel Geld ich dafür bekomme.

Er muss die Schwester, die sich um die innere Wahrheit kümmert, verachten, um der eigenen Verunsicherung durch ihr Wesen auszuweichen. Vermutlich spürt er, dass er in die Oberflächlichkeit abgeglitten ist. Aber er möchte das nicht zugeben, sondern gibt die Oberflächlichkeit als die einzige Wahrheit aus, auf die man setzen kann.

Und er hält der Schwester seinen Erfolg vor die Nase. »Mein Haus, mein Boot, mein Auto, mein Garten. Schau her, was ich alles mein Eigen nennen kann.«

Der Erfolg gibt ihm doch recht. Sie mit ihren tiefsinnigen Überlegungen geht doch am Leben vorbei. Aber die Schwester erkennt die Wahrheit der Einsicht von C. G. Jung, dass ein erfolgreiches Leben der größte Feind der Verwandlung ist. Der ältere Bruder möchte sich nicht wandeln. Er möchte sich auf seinem Erfolg ausruhen und sich damit über alle anderen stellen. Und er möchte sich nicht verunsichern lassen. Er stellt sich nicht seiner Wahrheit.

Es ist gut, dass die Schwester sich vom Bruder nicht kleinmachen lässt. Sie verurteilt den Bruder nicht und durchschaut sein Verhalten als Abwehr gegen eine Verwandlung. Doch sie gibt die Hoffnung nicht auf, dass sich irgendwann einmal etwas für ihn wandelt und er dann den Mut findet, sich seiner eigenen Wahrheit zu stellen.

Manchmal wehren sich Menschen auch gegen die Religiosität ihrer Geschwister. Ein Priester erzählte mir, sein älterer Bruder sei in die Wirtschaft gegangen und habe dort Karriere gemacht. Er schaut nur verächtlich auf den Bruder herab, der Priester geworden ist, und macht den Glauben und die Kirche lächerlich. Offensichtlich muss er sich gegen den Glauben wehren, der ihn verunsichern könnte. Und er muss den Bruder lächerlich machen, um sein schlechtes Gewissen nicht zu spüren, an das ihn der spirituelle Weg des Bruders erinnert. Eigentlich könnten beide Brüder voneinander lernen und den Weg des andern als Spiegel sehen, indem sie sich selbst mit ihren ungelebten Anteilen erkennen. Dann könnten sie sich gegenseitig befruchten. Doch wenn der ältere Bruder nur auf den jüngeren herabschaut und seinen Glauben lächerlich macht, dann wird er nie eine gute Beziehung zum jüngeren aufbauen. Für den jüngeren besteht die Gefahr, dass er sich spirituell über den älteren erhebt und ihn als armen Ungläubigen abstempelt. Der Unglaube des großen Bruders könnte auch für ihn eine Herausforderung sein, sich dem Unglauben im eigenen Herzen zu stellen. Wenn beide den andern als Herausforderung sehen, dann kann eine gute Beziehung entstehen. Doch weil man sich nicht verunsichern lassen möchte, lässt man die Beziehung lieber eintrocknen.

Eine andere Geschichte kommt mir in den Sinn: Zwei Schwestern haben keine gute Beziehung. Die jüngere von beiden glaubt, dass ihre Schwester neidisch ist auf sie, weil sie es beruflich weiter gebracht hat als sie. Außerdem ist nun schon die zweite Ehe der Schwester gescheitert. So ist sie neidisch auf die Harmonie in der anderen Familie. Den Neid der Schwester muss man bei ihr lassen. Es hat keinen Sinn, sich kleinzumachen oder sich zu entschuldigen, dass man beruflich weitergekommen ist, dass die eigene Ehe glücklicher verläuft. Man soll sich nicht über die Geschwister stellen. Aber man muss sich auch nicht mit seiner persönlichen Geschichte aus lauter Rücksicht verstecken. Die neidische Schwester ist in Gefahr, ihre Probleme nur auf die erfolgreiche Schwester zu projizieren. Doch dann würde sie sich als Opfer fühlen und in ihrer Entwicklung stecken bleiben. Sie muss sich aussöhnen mit ihrer Situation, anstatt sich mit der Schwester zu vergleichen. Dann wird ihr Leben auch auf eine neue Weise wieder wertvoll. Wenn sie ihren eigenen Wert erkennt, kann sie auch wieder gut mit der Schwester auskommen.

Dies zu erkennen fällt uns nicht leicht. Es ist auch einfacher, einen Kontakt abzubrechen oder sich aus dem Weg zu gehen, als sich der eigenen – oftmals sehr bitteren – Wahrheit zu stellen.

Manchmal scheint die Entzweiung der Geschwister eine Fortsetzung der Beziehung der Eltern mit deren Geschwistern zu sein. Eine Frau erzählte mir, dass sie mit ihrem Bruder seit Jahren keinen Kontakt mehr hat. Schon ihr Vater hatte keine gute Beziehung zu seiner Schwester. Und die Mutter hat auch keine gute Beziehung zu ihren Geschwistern. Man traf sich selten, und wenn, dann gab es oftmals Streit. Vorwürfe wurden laut, man vermied es, soweit es ging, unerfreuliche Themen anzusprechen.

Die Eltern wirken offensichtlich mit ihrer Art und Weise, wie sie mit ihren Geschwistern umgegangen sind, auch auf das spätere Leben ihrer eigenen Kinder ein. Wie diese Wirkung sich entfaltet, wissen wir oft nicht. Wir können es nicht genau benennen. Aber die Erfahrung zeigt, dass sich schlechte Geschwisterbeziehungen offensichtlich auch über Generationen hinweg fortsetzen können. Umso wichtiger wäre es, wenn die Geschwister sich der Situation ihrer Eltern bewusst werden, sich dann aber davon abgrenzen und besondere Sorgfalt auf die eigenen Beziehungen legen. Sie stehen nicht unter dem Zwang, die Beziehungsstreitigkeiten der Eltern zu übernehmen. Doch sie können aus diesem Teufelskreis nur aussteigen, wenn sie sich der Ursache ihrer Probleme bewusst werden.

Oft war die Beziehung zwischen Bruder und Schwester über lange Zeit sehr gut. Sie haben sich gegenseitig gestützt und ergänzt. Doch dann hat der Bruder eine Freundin und heiratet sie. Das macht der Schwester Probleme. Denn jetzt muss sie den Bruder mit seiner Freundin teilen. Und es ist klar, dass sich der Bruder nun in erster Linie seiner neuen Familie widmet, die er aufbauen möchte. Noch kritischer wird es, wenn die Freundin ein ganz anderes Lebensmodell verfolgt als die Herkunftsfamilie ihres Mannes. Sie hat andere Vorstellungen vom Zusammenleben, ein anderes Rollenbild. Vielleicht auch völlig unterschiedliche religiöse Ansichten. So wie die Schwester will sie jedenfalls keinesfalls sein. Der Bruder ist hin- und hergerissen zwischen der Liebe zu seiner Frau und der guten Beziehung zu seiner Schwester. Er wird im Zweifelsfall zu seiner Frau halten. Und wenn diese sich seltsam zur Familie ihres Mannes verhält, dann wird auch die Beziehung zwischen Bruder und Schwester, ja zu allen anderen Geschwistern und den Eltern belastet. Man kann solche Schwierigkeiten nicht verleugnen. Letztlich muss man sie einfach akzeptieren.

Ich muss betrauern, dass mein Bruder nicht mehr mir allein gehört, sondern nun an seine Frau gebunden ist. Und ich muss betrauern, dass seine Frau so ganz anders ist, als ich es mir vorgestellt habe. Wenn ich im Betrauern durch den Schmerz des Verlustes zum Grund meiner Seele gelange, kann ich mich dort wieder eins fühlen mit dem Bruder, und ich kann auch seine Frau akzeptieren. Selbst dann, wenn ich nicht alles an ihr verstehe. Manche Geschwister verweigern diesen Weg des Betrauerns, oft viele Jahre lang – oder für immer. Sie fühlen sich verletzt und bleiben in der Verletzung stecken. Und sie halten am Idealbild der eigenen Familie fest und lassen es von der Frau des Bruders nicht infrage stellen.

Ein neues Miteinander kann nur gelingen, wenn wir diesen Kreislauf verlassen.

Es ist die Aufgabe der Schwester, sich auch einmal selbst infrage stellen zu lassen und die bisherige Beziehung zum Bruder loszulassen. Wir können nichts auf Dauer einfach festhalten. Das Leben besteht immer wieder aus Verwandlung.

Was heute gilt, wird morgen vielleicht schon infrage gestellt. Was lange einer Spur gefolgt ist, nimmt plötzlich andere Wege.

Wenn jemand dem Bruder die eigene Familie nicht gönnt. Wenn er die bisherige Form der Beziehung nicht loslassen kann – auch wenn es schmerzlich ist –, dann kann auch keine neue Beziehung zum Bruder und seiner Frau wachsen.

Vielleicht wird manches nicht mehr so innig sein wie früher. Aber das Miteinander wird eine neue Qualität gewinnen – auf jeden Fall nicht in Feindschaft umschlagen. Es wird eine Beziehung sein, die für alle angemessen ist. Und je älter die Geschwister werden, desto tiefer kann die Beziehung wieder werden. Die anfänglichen Irritationen sind vorüber. Und man nimmt auch die fremde Frau in den eigenen Familienverbund auf. Aber natürlich braucht es auf allen Seiten die Bereitschaft, die Verwandlung der Beziehungen zu akzeptieren. Dann wird es keinen Bruch geben, sondern neue Möglichkeiten der Verbindung.

Leider höre ich immer wieder von totalen Brüchen zwischen Geschwistern, weil ein Bruder oder eine Schwester einen Ehepartner geheiratet hat, der sich gegen die Familie stellt. Jemand erzählte mir von einem Mann, der seiner Frau sogar verbot, Kontakt zu ihrer Familie zu halten. Er vereinnahmt sie so sehr, dass deren Geschwister den Eindruck hatten, dass ihre Schwester eine andere Frau geworden ist. Sie scheint ihrem Mann gegenüber völlig hörig zu sein. Ihre Geschwister sind darüber wütend. Das darf doch nicht sein! Ihre Schwester kennen sie so kaum noch wieder. Und deren Mann hat ihnen sogar Hausverbot erteilt. Er will sich offensichtlich den kritischen Fragen der Geschwister nicht stellen, sondern sich das Recht nehmen, alles zu bestimmen. Und er möchte seine Frau zwingen, ihm zu folgen. Das hat sie im Geschwisterkreis völlig isoliert. Die Geschwister können nur hoffen und beten, dass sie irgendwann einmal ihre eigene Würde erkennt und sich dann gegen die Vereinnahmung durch ihren Mann wehrt. Es ist dann für die Schwester wichtig zu wissen, dass sie von ihren Geschwistern aufgefangen wird, wenn sie den Mut hat, aus der Gefangenschaft durch ihren Mann auszubrechen. Für die Geschwister ist es schmerzlich, die Veränderung der Schwester wahrzunehmen. Aber bei allem Schmerz sollen sie die Hoffnung nicht aufgeben, dass die guten Erfahrungen, die sie mit der Schwester gemacht haben, nicht einfach verflogen sind, sondern in ihr weiterwirken und irgendwann einmal wieder ein gutes Miteinander entstehen kann.

Manchmal höre ich, dass Geschwister gemeinsam die Firma des Vaters weiterführen. Vielleicht sind es zwei Brüder, die die Firma übernehmen, der eine als kaufmännischer Leiter, der andere als Produktionsleiter. In vielen Fällen geht so etwas gut, wenn sich die Brüder gegenseitig ergänzen. Ich habe eine Zeit lang eine Firma begleitet, bei der Bruder und Schwester eine gemeinsame Spitze bildeten. Mein Eindruck war, dass beide sich gut miteinander verstehen, ihre verschiedenen Begabungen einander ergänzen und sie so mit ihrem unterschiedlichen Führungsstil die Firma gut leiten. Aber oft höre ich auch von Problemen. Der eine Bruder beschwert sich über den andern, er würde ihm die ganze Arbeit überlassen. Oder der Bruder möchte immer alles bestimmen. Und vor allem die Ausschüttung für sich ständig erhöhen. Der andere wiederum hat den Eindruck, dass die ganze Last auf ihm liegt. Er ärgert sich, dass sein Bruder sich nicht entscheiden kann und alles auf die lange Bank schiebt. Und durch seine Entscheidungsschwäche lähmt er die Firma. Ich habe auch erlebt, dass Geschwister sich anfangs gut ergänzt haben. Aber auf einmal kam etwas dazwischen, was sie auseinandergetrieben hat. Manchmal ist es die Frau des Bruders, die mehr mitreden möchte. Manchmal hat sich einer von beiden in eine Mitarbeiterin verliebt und bringt dadurch die Firma durcheinander. Neid und Missgunst machen das Miteinander ohnehin immer wieder schwer. Es bedarf der ständigen Beziehungspflege, damit Geschwister auf Dauer eine Firma miteinander in guter Weise führen können. Und man muss, bevor man sich auf eine solche Zusammenarbeit einlässt, gut überlegen, ob man auf Dauer miteinander auskommt oder ob eine größere Distanz beiden guttun würde. Dies ist auch so, wenn Paare überlegen, ob sie beruflich zusammenarbeiten wollen.

Es gibt eine schöne biblische Geschichte, in der die Distanz zwischen zwei Menschen zum Segen für beide wurde. Abraham und Lot waren Cousins, die gemeinsam loszogen. Doch dann gab es Streit zwischen den Hirten Abrahams und Lots um die Brunnen, an denen sie ihre Herden tränken wollten. Da sagte Abraham zu Lot: »Zwischen mir und dir, zwischen meinen und deinen Hirten soll es keinen Streit geben; wir sind doch Brüder.« (Gen 13,8) Doch Abraham versteht den Hinweis auf die Bruderschaft nicht als Moralpredigt – ein moralischer Appell bringt Brüder nicht zusammen. Abraham schlägt vor, dass sie sich trennen und jeder einen anderen Bereich für sich und seine Herden aussuchen soll. So entsteht wieder Friede zwischen Abraham und Lot. Das ist ein schönes Bild für Brüder, die miteinander eine Firma führen. Sie brauchen manchmal mehr Abstand, damit sie sich nicht gegenseitig ins Gehege kommen. Dann können sie lange gut miteinander auskommen.

Ich habe eine Firma erlebt, die von zwei Schwestern geleitet wird, die einander spinnefeind sind. Bis jetzt wirkt sich die Feindschaft noch nicht auf die Firma aus. Aber häufig spaltet die Feindschaft zwischen Geschwistern auch eine Firma. Und so schaden die Geschwister nicht nur dem Wohl der Mitarbeiter und Kunden, sondern letztlich auch sich selbst.

Manchmal wird die Beziehung zwischen den Geschwistern auch gestört, wenn sich einer aus dem Kreis einer religiösen Gruppe anschließt. Auf einmal hat die Schwester ganz strenge Ansichten. Sie möchte die andern ständig missionieren oder moralisch zurechtweisen. Sie tritt als Moralapostelin auf. Die andern Geschwister haben den Eindruck, dass sie sich völlig verändert hat. Die Gemeinschaft, der sie sich zuwendet, wird von ihnen vielleicht sogar als so etwas wie eine Sekte empfunden. Sie kennen jedenfalls ihre Schwester nicht wieder.

Immer wenn sich jemand einer Ideologie zuwendet, wird die Gemeinschaft der Geschwister gestört. Auch wenn die Geschwister offen sein möchten für ihre Schwester und gut zuhören, was sie erzählt, so erleben sie eine Fixierung und Rechthaberei, die sie von ihrer Schwester trennt. So haben sie das Gefühl, ihre Schwester verloren zu haben.

Eine Frau, die in einer sehr engen spirituellen Gruppe aktiv ist, hat, wie mir erzählt wurde, den Kontakt zu ihren Geschwistern von sich aus abgebrochen. Diese hatten sie nicht kritisiert. Sie waren durchaus neugierig, mit ihr über ihre Erfahrungen zu sprechen. Aber offensichtlich hatte sie Angst, sich mit den Geschwistern auszutauschen. Vielleicht, weil sie befürchtet hat, von ihnen verunsichert zu werden. Es tut weh, wenn sich einer aus der Geschwisterreihe so ausgrenzt. Das ist ein Schmerz für die ganze Familie. Und diese Ausgrenzung, die man selbst vornimmt, spricht nicht für die Spiritualität, der man sich verschrieben hat. Denn eine gesunde Spiritualität öffnet mich immer auch für meine Geschwister, selbst wenn diese eine andere spirituelle Richtung haben als ich. Aber wir lassen uns gegenseitig gelten.

Ein eigenes Problem entsteht zwischen den Geschwistern in Patchwork-Familien. Da bringt ein Vater zwei Kinder in die Ehe mit einer neuen Frau mit, die ihrerseits schon drei Kinder hat. Die Kinder reagieren sehr verschieden auf den neuen Vater oder die neue Mutter. Zunächst ist man sich fremd. Und dann muss man die Bezugsperson, Mama oder Papa plötzlich mit jemand anders teilen. Das ist niemals einfach.

Es kann helfen, mit den Kindern in Ruhe und ausführlich über die Situation zu sprechen und ihnen vor allem zu vermitteln: Du bist nach wie vor geliebt, egal, was kommt.

Bei kleinen Kindern ist es wichtig, dass sie bei ihrer bisherigen Hauptbezugsperson bleiben.

Das hilft ihnen, die Trennung leichter zu verkraften. Ältere Kinder brauchen Zeit, um die Trennung zu betrauern. Man hat festgestellt, dass Kinder auch oftmals glauben, an der Trennung der Eltern irgendwie mit schuld zu sein. Schließlich haben sich die Eltern immer wieder auch ihretwegen gestritten. Nicht selten werden derartige Schuldgefühle mit in die neue Familiensituation genommen. Kinder reagieren deshalb mit Wut oder Eifersucht auf ihren Stiefvater oder ihre Stiefmutter. Sie fühlen sich vielleicht auch als Verräter gegenüber ihrem »richtigen Papa« oder der »eigentlichen Mama«, die sie immer noch lieb haben, und können deshalb keine neue Beziehung zum Stiefvater oder der Stiefmutter eingehen.

Der neue Partner sollte deshalb nicht versuchen, den leiblichen Vater oder die Mutter zu ersetzen. Im Laufe der Zeit kann dann Vertrauen wachsen.

Manchmal leben auch Kinder aus einer früheren Beziehung bei einem der Ex-Partner und kommen nur am Wochenende zu Besuch. Und nicht selten bekommen die Paare gemeinsam noch weitere Kinder. Am Anfang werden die neuen Geschwister zwangsläufig immer als so etwas wie »Konkurrenten« um die Gunst der Mutter oder des Vaters betrachtet.

In einer Patchworkfamilie haben die Kinder plötzlich eine neue Rolle. Einzelkinder müssen sich auf viele Geschwister einlassen. Das älteste Kind wird vielleicht in der neuen Konstellation zum jüngsten von fünf Geschwistern, wenn der Vater sich eine deutlich jüngere Frau gesucht hat und aus seiner ersten Ehe erwachsene Kinder hat. Wer bisher der einzige Junge unter vier Geschwistern war, hat auf einmal noch drei Brüder – all dies kann unheimlich anstrengend sein und die Kinder und Jugendlichen stark verunsichern.

Etwa jede zehnte deutsche Familie lebt in einer solchen »Patchworkbeziehung« zusammen. Genaue Statistiken gibt es nicht.

Manchmal gelingt die Beziehung gut. Der neue Mann der Mutter wird zum wirklichen Vater oder zum väterlichen Freund. Aber oft genug gelingt diese

Beziehung auch nicht. Dann haben die Kinder des Vaters den Eindruck, dass die Frau des Vaters ihre eigenen Kinder bevorzugt. Zu den fremden Kindern ist sie strenger, und sie sorgt nicht im gleichen Maß für sie wie für die eigenen Kinder. Und vor allem spüren die Kinder einen Unterschied in der Zuneigung und Liebe. Dadurch entsteht dann meist auch zu den neuen Geschwistern keine gute Beziehung. Kinder sind oft in solchen Situationen überfordert. Sie müssen mit dem unterschiedlichen Maß an Zuwendung durch Vater und Mutter klarkommen. Und sie fühlen sich hin- und hergerissen. Oft flüchten sie dann früh aus dem Haus.

Manchmal rebellieren die Töchter gegen die neue Frau des Vaters. Sie lehnen sie ab. Denn sie erleben sie als Rivalin, die ihnen die Liebe des Vaters wegnimmt. Oder die Söhne rebellieren gegen den neuen Partner ihrer Mutter. Sie fühlen sich von ihm verdrängt. Oder sie haben den Eindruck, die Mutter würde sich verändern und dem neuen Mann hörig sein. So solidarisieren sich dann oft die Geschwister gegen ihre Eltern. Es ist für beide Seiten ein Leid, das nicht immer einfach zu lindern ist.

Ein Mann erzählte mir, dass er jetzt mit seiner neuen Frau zusammengezogen ist. Mit deren Tochter hatte er anfangs eine gute Beziehung. Da war er für sie ein väterlicher Freund. Doch jetzt mit 16 Jahren schneidet und missachtet sie ihn. Das tut ihm weh. Er spürt, dass er nicht mehr an sie drankommt. Durch die negative Beziehung zur Tochter seiner Frau wird natürlich auch die Partnerbeziehung belastet. Er möchte gerne mit seiner neuen Frau ein eigenes Kind haben. Aber er hat Angst, ob die Tochter seiner Frau dieses Kind je akzeptieren wird.

Viele Paare machen den Fehler, dass sie zu große Erwartungen in die neue »Familie« setzen.

Dabei haben sie nicht im Blick, dass sich alle neu aufeinander einlassen müssen. Jeder hat seinen eigenen Erziehungsstil. Was in der einen Familie jahrelang üblich war, finden die anderen total befremdlich. Die Mutter hat immer wieder gesagt, dass man so etwas auf keinen Fall machen darf – die Stiefmutter findet es völlig normal und erlaubt es ihren eigenen Kindern immer. Das neue Paar muss sich deshalb erst einmal auf gemeinsame Erziehungsmaßstäbe verständigen. Und die Kinder müssen sich auf den neuen Stil und die gefundenen Kompromisse einlassen. Das braucht viel Zeit. Gemeinsame Ausflüge können helfen, sich aneinander langsam zu gewöhnen, bevor man vielleicht irgendwann zusammenzieht. Erziehungsberater betonen immer wieder, wie wichtig es ist, sich bei all diesen Prozessen viel Zeit zu nehmen und nichts zu überstürzen.

Manche sehen als einzige Reaktion auf bestehende Konflikte die Distanz. Man geht sich aus dem Weg oder bricht den Kontakt zu den Geschwistern ganz ab. Doch dann fühlen sich viele einsam. Und ja – sie haben ihre Familie verloren.

Natürlich kann die Distanz manchmal hilfreich sein, vor allem wenn der Bruder oder die Schwester einen ständig beschimpft oder mit Vorwürfen überschüttet. Dann braucht man oft auch den zeitlichen oder räumlichen Abstand als Schutz. Doch da eine gute Beziehung zwischen den Geschwistern ein hohes Gut ist, sollte man nicht zu schnell diesen Weg wählen, sondern versuchen, wieder zu einer angemessenen Beziehung zu kommen. Die Beziehung wird nicht immer eng sein können. Aber es tut doch gut, zu wissen, dass man sich an die Geschwister wenden kann, wenn es einem mal nicht so gut geht. Aber leider erlebe ich viele Fälle, in denen eine Annäherung oder Versöhnung der Geschwister unmöglich erscheint. Dann gilt es, diese Situation zu betrauern und sich der eigenen Einsamkeit zu stellen.

Auch Märchen erzählen von Brüdern, die gegeneinander agieren. Da gibt es das Märchen vom Wasser des Lebens. Die beiden älteren Brüder wollen es dem Vater bringen, aber sie gehen achtlos um mit den Tieren, die ihnen auf dem Weg begegnen. Der jüngste Sohn aber hört auf die Tiere. Sie helfen ihm, das Wasser des Lebens zu holen. Doch als er das Wasser des Lebens dem Vater bringen will, werfen ihn die Brüder ins Meer. Sie sind neidisch, gönnen dem jüngsten Bruder den Erfolg nicht. Ja, sie nehmen sogar seinen Tod in Kauf.

Zum Glück geht das Märchen gut aus. Zuletzt bekommt der jüngste Sohn die Königswürde vom Vater zugeteilt. Der Vater erkennt die Hinterhältigkeit der beiden älteren Söhne und will mit ihnen nichts mehr zu tun haben. Im Märchen heißt es: »Sie hatten sich aufs Meer gesetzt und waren fortgeschifft – und kamen ihr Lebtag nicht wieder.«

Doch es gibt auch andere Märchen, die eine gute Geschwisterbeziehung schildern. Im »Märchen von den sechs Schwänen« werden sechs Brüder von einer Hexe in Schwäne verwandelt. Die einzige Schwester kann sie erlösen, wenn sie sechs Jahre schweigt und für jeden Schwan ein Sternenhemd näht. Das tut sie.

Ein junger König findet die einsame Frau in ihrem Versteck auf einem Baum und besteht darauf, sie mit an seinen Hof zu nehmen.

Obwohl seine Mutter dagegen ist, die junge Frau weiterhin schweigt und niemand etwas über ihre Herkunft weiß, will er sie heiraten. Und so kommt es. Ein Jahr nach ihrer Hochzeit erwarten die beiden ein Kind. Die Mutter des Königs entführt das Baby und in der Folge auch zwei weitere Kinder der beiden; die junge Königin verleumdet sie als Kindsmörderin und bringt sie so letztlich sogar auf den Scheiterhaufen. Doch als man das Feuer anzündet, kommen die sechs Schwäne angeflogen, und die Schwester wirft ihnen die Hemdchen über. So werden sie wieder in die Brüder verwandelt. Der Zauber, der ihre Brüder gefangen hielt, ist nun gebrochen, und die junge Königin darf endlich reden.

Hier heilt die Liebe der Schwester ihre Brüder. Sie löst sie aus der Verhexung. Das ist ein Hoffnungsbild dafür, wie man sich aus dem lösen kann, was einen festhält. Wenn Geschwister schweigend für ihre Schwester, für ihren Bruder beten, dann dürfen sie hoffen, dass dieser frei für etwas Neues wird und sich durch ihre Liebe verwandelt.

Als ich mich mit den Geschwisterkonstellationen beschäftigt habe, ist mir in unserer Klosterbibliothek ein Buch über »Die Schwestern Brontè« in die Hände gefallen. In einem Pfarrhaus wachsen um das Jahr 1820 drei Schwestern mit ihrem Bruder auf. Es ist ein armseliges und isoliertes Dorf mit dem Namen Haworth. Ihre Mutter und die beiden älteren Schwestern sind schon früh gestorben, und die drei Schwestern ergehen sich mit ihrem Bruder in diesem isolierten Pfarrhaus, unter ärmlichen Verhältnissen, in Tagträumen. Ihre Traumwelt schreiben sie in Heften nieder. Der Versuch, in eine Schule zu gehen, scheitert. Die Schwestern können sich nicht der autoritären Führung unterordnen. Auch sonst ist es für sie schwierig, im Leben Fuß zu fassen. So kehren sie alle nach einigen Versuchen, in anderen Orten als Gouvernante zu arbeiten, in das kalte Pfarrhaus zurück. Dort beschließen sie, ihre Gedanken zuerst als Gedichte, dann als Romane zu veröffentlichen. Die ersten Versuche scheitern. Doch auf einmal haben die drei Romane, die sie jeweils unter einem Pseudonym veröffentlichen, einen großen Erfolg. Noch nie hat jemand über die Rolle der Frau so offen geschrieben. Die drei Schwestern, die sich gegenseitig stützen, bekommen auf einmal Anerkennung. Aber die Idylle hält nicht lange. Der Bruder, der schon jahrelang Alkohol und Drogen verfallen ist, stirbt. Ihn konnten die Schwestern nicht von seiner Selbstzerstörung abhalten. Dann sterben die beiden jüngeren Schwestern. Und Charlotte bleibt allein. Sie heiratet einen Vikar und wird schwanger. Bevor ihr Kind geboren wird, stirbt sie mit 39 Jahren. Eine tragische Geschichte.

Die drei Schwestern haben in England eine große Bekanntheit erlangt. Armut und Einsamkeit haben sie nicht in Hoffnungslosigkeit versinken lassen. Sie sind kreativ geworden, haben viel bewegt und mit ihren Romanen die Herzen vieler Menschen berührt. Ein richtiger Brontè-Kult ist entstanden. Ganze Pilgerströme besuchen Jahr für Jahr ihr Geburtshaus in Haworth. Und die Romane der drei Schwestern, die sie ohne Schulbildung einfach aus ihrer Seele heraus geschrieben haben, werden auch heute noch gerne gelesen. Mir ist beim Lesen ihrer Biografie bewusst geworden, wie drei Schwestern, die einander lieben und sich gegenseitig befruchten, eine, von außen betrachtet, total ärmliche und belastete Situation in Segen verwandeln können. Weil die drei Schwestern einander hatten, haben sie mitten in der Haltlosigkeit ihrer Zeit doch einen starken Halt gefunden und aus ihrer Isolierung heraus viele Menschen erreicht. Sie haben ihnen aus dem Herzen gesprochen und ihnen die Hoffnung vermittelt, dass Geschwister zum Segen werden können für viele, wenn sie zusammenhalten und einander ergänzen.

5. DER STREIT UM DAS ERBE

Häufig brechen die Geschwisterrivalitäten neu auf, wenn es um die Erbschaft geht. Da können sich die Geschwister nicht einigen. Manche haben den Eindruck, dass ein Bruder oder eine Schwester Einfluss auf die Testamentsgestaltung der Eltern genommen hat, dass sie alles zu ihrem Vorteil geregelt haben. Eine Tochter, die sich sehr um die alte Mutter gekümmert hat, ist sehr verletzt, als sie erfährt, dass ihr Bruder sich schon vor dem Tod der Mutter einen Teil des Erbes gesichert hat, indem er sich von der Mutter eine große Summe Geld schenken ließ. Ein anderer stellt per Rechtsanwalt unrealistische Forderungen an seine Geschwister.

Bevor es um das Erbe geht, gibt es oft Streitigkeiten, wenn die Eltern alt und pflegebedürftig werden. Da gibt es verschiedene Ansichten, was der alten Mutter guttut. Es geht zum Beispiel um die Fragen, ob sie noch allein im Haus wohnen kann, ob man ihr Hilfe anbieten soll oder ob sie in einem Pflegeheim untergebracht werden sollte. Das alles kostet dann natürlich auch Geld. Wer übernimmt die Kosten? Kann sich die kranke Mutter das leisten? Und wenn nicht, will man als Geschwisterkreis zusammenlegen und die Finanzierung übernehmen?

Wenn die eigenen Eltern pflegebedürftig werden, engagieren sich einige sehr stark. Andere ziehen sich völlig zurück. Sie kümmern sich nicht um die kranken Eltern. Es ist ihnen zu viel, sie haben zu wenig Zeit dafür, andere Verpflichtungen. Oder sie trauen es sich einfach nicht zu. Manche Brüder laden die Last der Pflege und Sorge für die alten Eltern ihren Schwestern auf. Sie selbst weigern sich, etwas für die Eltern zu tun. Manchmal spielen natürlich auch die Wohnverhältnisse eine Rolle. Wenn ein Bruder 500 Kilometer von den Eltern entfernt wohnt, kann er sich nicht in gleicher Weise um die kranke Mutter kümmern wie die Schwester, die am Ort wohnt. Schnell ist man in solchen Situationen dabei, einander Vorwürfe zu machen: »Wie kannst du nur!«

Aber statt sich zu streiten und andern die Lasten aufzubürden, sollten sich Geschwister gemeinsam beraten, wie sie vorgehen sollen. Sind sie irgendwie doch in der Lage, die Pflege der Eltern zu übernehmen, oder muss man sich professionelle Unterstützung holen? Eines steht fest: Wenn schon bei diesen Fragen und der Sorge um die alten Eltern Uneinigkeit herrscht, dann ist der Streit um das Erbe gleichsam vorprogrammiert.

Bei Erbschaftsstreitigkeiten geht es zum einen um Geld und Besitz. Sobald manche riechen, dass es da etwas zu vererben gibt, erwacht in ihnen die Gier. Mein Eindruck ist: Gerade die, die ohnehin schon genug haben, können dann gar nicht genug bekommen. Sie nutzen ihren wirtschaftlichen Erfolg und die damit verbundenen Erfahrungen aus, um auch bei der Erbschaft noch den größtmöglichen Teil für sich persönlich herauszuschlagen.

Zum andern aber geht es um die alten Geschwisterrivalitäten. Wer war der Liebling des Vaters? Wer der Liebling der Mutter? Wem hat der Vater oder die Mutter immer etwas mehr Zuwendung geschenkt? Wer ist bislang oft von den Eltern bevorzugt worden? Wer hat mehr finanzielle Unterstützung beim Studium oder beim Hausbau bekommen? Hat die Schwester nicht vor einem Jahr von den Eltern ein neues Auto geschenkt bekommen, ohne dass es für die anderen einen finanziellen Ausgleich gab? Oder es bricht von Neuem der Neid auf: Wer hat es in seinem Leben weiter gebracht? Wen hat das Leben begünstigt?

Lukas erzählt uns im Evangelium von so einem Erbstreit. Da kommt ein Mann zu Jesus und bittet ihn: »Meister, sag meinem Bruder, er soll das Erbe mit mir teilen.« (Lk 12,13) Doch Jesus geht nicht auf die Bitte ein. Er antwortet dem Mann: »Mensch, wer hat mich zum Richter oder Schlichter bei euch gemacht?« (Lk 12,14)

Jesus weigert sich, als Schlichter bei Erbstreitigkeiten aufzutreten. Das sollen die Brüder selbst miteinander regeln. Und dann wendet er sich an all die umstehenden Leute und warnt sie vor der Habgier, die bei vielen Erbstreitigkeiten unter den Beteiligten aufbricht. Und er gibt einen Grund dafür an, dass man sich nicht auf das Erbe fixieren soll. Die Einheitsübersetzung lautet: »Denn der Sinn des Lebens besteht nicht darin, dass ein Mensch aufgrund seines großen Vermögens im Überfluss lebt.« (Lk 12,15)

Doch wenn man den schwierigen, griechischen Urtext genauer anschaut, meint Jesus etwas anderes: Das Leben kommt nicht zum Fließen durch das, was wir besitzen.

Besitz ist etwas Starres. Das Leben fließt nur, wenn wir bereit sind, zu lieben und zu teilen. Materielle Dinge bringen das Leben nicht zum Fließen. Daher sollten wir uns bei der Erbschaft nicht auf das Materielle fixieren. Wir sollten uns darum kümmern, dass die Liebe zwischen uns fließt. Das tut uns gut. Das Streben, möglichst viel zu erben, lässt uns innerlich nur erstarren.

Wie die Erbschaft gelingt, wenn die Geschwister sich lieben, zeigt das Märchen »Die drei Brüder«: Ein Vater hatte drei Söhne. Die Familie besaß wenig, außer dem Haus hatte der Vater kein Vermögen. Jeder seiner Söhne hätte das Haus gerne nach dem Tod des Vaters geerbt. Aber der wollte das Haus nicht verkaufen, weil es schon von seinen Vorfahren stammte. So schickt er die drei Söhne in die Welt. Sie sollen jeder ein Handwerk lernen, nach einiger Zeit zurückkommen und zeigen, was sie gelernt haben. »Wer das beste Meisterstück macht, der soll das Haus haben.« Der eine Sohn lernt Hufschmied, der andere Barbier, der Dritte will Fechtmeister werden. Als alle drei Brüder dem Vater ihr Meisterstück vorführen, gewinnt der jüngste Bruder. Und es kommt tatsächlich nicht zum Streit. »Die beiden anderen Brüder waren damit zufrieden, wie sie vorher gelobt hatten, und weil sie sich einander so lieb hatten, blieben sie alle drei zusammen im Haus und trieben ihr Handwerk; und da sie so gut ausgelernt hatten und so geschickt waren, verdienten sie viel Geld.«[15]

Es gibt im Märchen zwei Bedingungen, dass die Erbschaft unter den Brüdern gelingt. Die erste Bedingung lautet: Jeder lernt etwas. Keiner verlässt sich nur auf das Erbe. Die zweite Bedingung: Sie lieben einander. Und sie geloben, sich wegen des Erbes nicht zu streiten. So können sie, obwohl der jüngste Bruder das Haus erbt, doch alle drei zusammenbleiben. Das ist natürlich ein Märchen. Aber es will eben auch ein Hoffnungsbild sein, dass das Vererben auch bei unserer eigenen Familie ohne Streit vonstattengehen kann.

Es gibt Geschwister, die sich nach dem Tod der Eltern nur noch bekriegen. Da löst ein Schreiben des Rechtsanwaltes das andere ab. Jeder pocht auf sein Recht. Um die kleinsten Kleinigkeiten wird gestritten. Um Zutrittsrechte, alte Münzsammlungen, die Äpfel, die einer der Brüder aus dem Garten der Eltern geerntet und nicht geteilt hat. Man wirft dem Bruder vor, der das Geld der Mutter verwaltet hat, dass er die Verwaltung zu seinen Gunsten ausgenutzt hat. Man vermutet, dass die Mutter noch Geld in der Schweiz hatte.

Manche Prozesse dauern Jahre. Am Ende gewinnt die eine oder die andere Partei. Man hat vielleicht recht bekommen. Aber letztlich schadet man sich selbst.

Die Rechtsanwälte, die man damit beschäftigt, kosten viel Geld. Am Ende muss einer zusätzlich die Gerichtskosten tragen. Oder das Ganze endet mit einem Vergleich. So wird das ganze Geld zunichtegemacht. Anstatt dem andern etwas zu gönnen, schadet man fast allen Beteiligten. Zuletzt hat oft keiner einen Vorteil. Aber man hat es den andern Geschwistern gezeigt. Manchmal gibt es dann unter den Geschwistern zwei Parteien, die gegeneinander kämpfen. In anderen Fällen ist es auch nur ein Einziger, der sich ungerecht behandelt fühlt und daher den Kontakt zu den andern Geschwistern abbricht. Alle Versuche, sich mit ihm zu versöhnen, scheitern. Denn er lehnt jedes Gespräch ab. Die Geschwister sind für ihn, so sagt er es, gestorben.

Auch in Familien, die sich geschworen haben, dass sie miteinander keinen Streit wegen der Erbschaft anfangen, gibt es auf einmal doch Probleme. Ihre Kinder haben geheiratet. Und die neuen Schwäger und Schwägerinnen mischen nun auch mit. Sie stacheln ihren Ehepartner an, auf einem großen Anteil am Erbe zu bestehen. Wenn dann vielleicht ein eigentlich ganz akzeptabler Vorschlag auf den Tisch kommt, geht es weiter. Der Ehemann soll nun auf keinen Fall klein beigeben. Er könnte doch vielleicht noch etwas mehr herausholen. Und so kommt oft von außen eine Spaltung in die Familie hinein. Dann ist die große Frage, wie tief die Familienbande zwischen den Geschwistern sind. Ob sie stärker sind als die Wünsche der Ehepartner – ob der Friede zwischen den Geschwistern wichtiger ist, als möglichst viel für sich selbst herauszuschlagen. Es ist in solchen Situationen gut, wenn die Geschwister ohne ihre Ehepartner miteinander sprechen und sich auf einen gemeinsamen Weg einigen.

Ein anderer Streit entsteht oft bei der Frage, ob man das Elternhaus verkaufen oder erhalten soll. Und wer es am Ende bekommen soll. Wenn der Wert des Elternhauses mitsamt dem dazugehörigen Grundstück viel größer ist als das Bargeld, das vererbt wird, dann geht es um die Frage: Wird das elterliche Erbe zerschlagen? Wird alles zu Geld gemacht und dieses dann geteilt? Oder möchte man das Andenken an die Eltern bewahren, indem man das Haus, das sie mit viel Mühe aufgebaut haben, in der Familie hält? Dann ist die Frage, wie viel der, der das Haus erbt, den andern Geschwistern auszahlen muss. Die gleiche Frage entsteht bei der Vererbung eines Bauernhofs. Wenn der Sohn, der den Hof von den Eltern zu Lebzeiten übernommen hat und diesen weiterführen will, seine Geschwister auszahlen soll, muss er sein Vorhaben vielleicht aufgeben. Er verfügt nicht über das nötige Kapital für den Erwerb und den Erhalt. Da geht es um die Bereitschaft der Geschwister, gemeinsam eine Lösung zu finden, die alle zufriedenstellt. Am besten macht man das Testament gemeinsam mit den Eltern schon zu deren Lebzeiten. Dann gibt es nachher keinen Streit mehr. Jeder spürt dann, ob die Familie wichtiger ist als das Geld, das man herausschlagen kann. Und es geht um die Frage, ob man den Geschwistern vertrauen kann oder das Misstrauen gegenüber einzelnen Geschwistern ein gutes Miteinander verhindert. Gerade wenn es um die Vererbung eines Bauernhofes oder des Elternhauses geht, gibt es keine absolute Gerechtigkeit. Die absolute Gerechtigkeit würde oft damit einhergehen, alles zu zerschlagen. Wenn die Geschwister in einer solchen Situation versuchen, sich miteinander auf einen Weg zu einigen, der von allen akzeptiert werden kann, wird es am Ende vielleicht keine absolut gerechte Lösung geben. Aber man wird sich danach noch in die Augen sehen können.

Eine Mutter erzählte mir, sie habe an Weihnachten nur noch geweint, weil ihre Kinder sich nicht einigen können. Sie hatte die Erbschaft mit allen Kindern geregelt. Doch jetzt hat der Bruder, der den Hof bekommen hat, ein Feld verkauft. Und sofort möchten die anderen Geschwister einen Teil des Geldes bekommen. Das ist aus steuerrechtlichen Gründen gar nicht so einfach. So gibt es nur noch Streit. Und die Mutter ist unfähig, diesen Streit zu schlichten. Sie macht sich Vorwürfe: Habe ich alles falsch gemacht? Habe ich meine Kinder so erzogen, dass sie jetzt unversöhnlich miteinander sind?

Es gibt nie eine ganz und gar gerechte Lösung, das Erbe aufzuteilen. Aber irgendwann muss man sich einmal zufriedengeben mit der getroffenen Lösung und darf nicht ständig nachkarten. Dieser Streit unter den Geschwistern raubt der Mutter allen Lebensmut. Sie hat keine Freude mehr am Leben. Und sie zieht sich immer mehr zurück. Jeder beklagt sich bei ihr über den andern. Aber die Geschwister sind unfähig, miteinander in Güte alles zu regeln.

Es gibt Eltern, die an ihrem Besitz festhalten und ihren Kindern gegenüber geizig sind. Sie rechtfertigen ihr Verhalten damit, dass sie dann den Kindern später viel vererben können. Doch meine Mutter sagte immer: Man muss mit warmen Händen geben, nicht mit kalten. Wenn die Eltern alles zusammenhalten wollen, damit das Erbe möglichst groß ist, gibt es meistens nach dem Tod der Eltern Streit. Denn die Gier der Eltern setzt sich dann in der Gier der Kinder fort. Und den Geiz der Eltern haben die Kinder eher als Liebesentzug erfahren. Daher flammt nach dem Tod der Eltern der Kampf um die Liebe der Eltern neu auf.

Weniger ums Geld geht es bei der Verteilung der Erinnerungsstücke aus dem Haushalt der Eltern. Wer nimmt sich was mit? Wer bekommt den Schmuck der Mutter, die wertvolle Uhr des Vaters? Wer die sorgsam gehütete Modelleisenbahn oder das dekorative, selbst gebaute Flugzeug aus Balsaholz, das immer in Vaters Arbeitszimmer hing? Was ist mit den Fotoalben der Eltern, der Diasammlung?

Gibt es einen gemeinsamen Termin, bei dem alle Geschwister zusammen sind? Oder geht jemand allein in die Wohnung und nimmt sich das, was er möchte? Doch dann gibt es meistens Ärger. Die andern haben das Gefühl, der Bruder oder die Schwester hat sich die schönsten Dinge geholt und nur noch das Minderwertige den andern Geschwistern überlassen. Auch da geht es um Offenheit und um ein gemeinsames Vorgehen. Jeder soll sagen, was er gerne haben möchte. Dann kann man miteinander darüber sprechen und hat so zumindest die Chance, eine Lösung zu finden. Je mehr Klarheit herrscht, desto mehr kann man dann Kompromisse schließen. Wenn aber die Geschwister nicht klar ihre Wünsche äußern, dann werfen sie oft den andern vor, sie hätten sich zu Unrecht die schönsten Dinge genommen.

Aber leider ist es nicht in allen Familien möglich, dass alle Geschwister zusammenkommen und gemeinsam über die Verteilung der Erinnerungsstücke aus dem Elternhaus sprechen. In einer Familie meinte eine Tochter, sie komme nicht zur Besprechung. Die Mutter würde ihr sowieso nichts geben. Sie hat also schon ein Vorurteil. Jahrelang hat sie sich selbst in das Gefühl hineingesteigert, dass sie grundsätzlich immer zu kurz kommt. So kann sie das Angebot, sich das zu nehmen, was sie gerne möchte, gar nicht annehmen. Eine Familie hat es so gelöst, dass jeder zuerst in einer Liste aufschreiben sollte, was er gerne haben möchte.

Es gibt drei Kategorien:
1. Das möchte ich sehr gerne.
2. Das nehme ich, wenn es die andern nicht brauchen.
3. Das möchte ich gar nicht.

Wenn jeder seine Wünsche auf diese Weise äußert, kann man anschließend darüber in Ruhe sprechen und sich einigen. Wenn jedoch ein Nebel des Misstrauens herrscht, dass sich sowieso dieser Bruder oder diese Schwester die schönsten Dinge herausnimmt, dann wird keine gütliche Lösung möglich sein. Jeder bleibt im Nebel seiner Vorurteile stecken.

Manchmal sind die Verletzungen durch die Geschwister, die sich am Erbe bereichert oder einander auf andere Weise geschädigt haben, so tief, dass man den Kontakt mit dem Bruder oder der Schwester und seiner Familie nicht mehr ertragen kann. Zu sehr wird man immer wieder an das Unrecht und die Verletzung erinnert. Die andere Familie tut so, als ob nichts wäre. Sie möchte durchaus den Kontakt, aber eben nur auf oberflächlicher Ebene. Auf keinen Fall wollen auch sie an das Unrecht erinnert werden. Sie tun so, als ob alles mit rechten Dingen zugegangen wäre. So ist kein Kontakt mehr möglich. Jeder Kontakt würde die alten Wunden nur wieder neu aufbrechen lassen. Doch es wäre schade, wenn man sich mit der Spaltung einfach abfindet und einander nur noch feindlich begegnen kann.

Streitigkeiten können bei der Erbschaft auch in sonst intakten Familien entstehen. Aber die Tragfähigkeit der Beziehungen zwischen den Geschwistern zeigt sich darin, dass man an den alten Streitigkeiten nicht festhält, sondern sich irgendwann damit aussöhnt und jeder die Energie auf das eigene Leben richtet. Es ist ja nicht immer so, dass der, der am meisten geerbt hat, damit glücklich ist. Entscheidend ist, dass ich mein eigenes Leben lebe und nicht ständig neidisch bin auf andere Geschwister, die vielleicht mehr haben. Das Geld allein macht nicht glücklich. Wenn ich dankbar mein eigenes Leben lebe, dann kann ich auch mit Lösungen leben, die nicht optimal waren.

6. WIE KANN VERSÖHNUNG GELINGEN?

Oft kommt ein Mann oder eine Frau zu mir ins Gespräch und beklagt sich bitter über die Entzweiung der Geschwister. Oft ist der Konflikt nach dem Tod der Eltern aufgrund der Erbstreitigkeiten entstanden. Sie möchten gerne Frieden in der Familie haben. Deshalb sind sie auch zu einem versöhnenden Gespräch mit dem Bruder oder der Schwester bereit. Doch diese lehnen jedes Gespräch ab. Sie sind verbittert und möchten absolut keinen Kontakt mehr zur Familie und zu ihren Geschwistern haben. Die ganze Familie leidet darunter. Die Menschen, die zu mir kommen, erleben sich als hilflos. Sie möchten Versöhnung, und sie sind auch selbst bereit, zu vergeben oder um Vergebung zu bitten, wenn sie selbst etwas falsch gemacht haben. Aber sie rennen gegen eine Mauer, die sich nicht bewegt. Sie fragen mich dann oft, was sie machen sollen.

Ich benenne immer drei Schritte, die man in Richtung Versöhnung gehen kann. Der erste Schritt ist das Gebet für den Bruder oder die Schwester, die sich verschließen und die jede Versöhnung ablehnen. Ich kann jeden Morgen die Hände zum Segen erheben und mir vorstellen, dass der Segen zum andern strömt und ihn durchdringt. Ich erwarte vom Segen nicht, dass der andere zur Versöhnung bereit ist. Ich sende ihm den Segen, damit er durch den Segen mit sich selbst in Einklang kommt. Ich stelle mir vor, wie es diesem Bruder oder dieser Schwester wohl gehen mag. Sie sind sicher nicht glücklich in ihrer Situation. Denn in Feindschaft zu leben, tut der eigenen Seele nicht gut. Da entsteht oft Bitterkeit, Hoffnungslosigkeit, Verzweiflung, Sinnlosigkeit. So wünsche ich dem Bruder, der Schwester, dass der Segen Gottes in sie hineinströmt und sie mit Frieden erfüllt. Wenn er oder sie mit sich in Frieden kommt, dann wird er/sie vielleicht irgendwann auch bereit sein, wieder Schritte auf die Geschwister hin zu wagen. Das Segnen des andern oder das Gebet für ihn stärkt in mir die Hoffnung, dass irgendwann einmal Bewegung in die Verhärtung kommen wird. Und diese Hoffnung lässt mich ihm auf neue Weise begegnen. Wenn ich dem Bruder mit innerer Offenheit begegne, darf ich hoffen, dass sich auch in ihm etwas wandelt.

Oft legen wir uns gegenseitig fest. Wir begegnen dem andern mit dem Vorurteil, dass er stur ist, dass er egoistisch ist und nur seinen eigenen Vorteil sucht. Doch wenn wir dem andern so begegnen, legen wir ihn auf unser Vorurteil fest. Es wird sich nichts bewegen. Es muss sich erst einmal in mir etwas wandeln, damit sich auch die Beziehung wandeln kann.

Der zweite Schritt besteht darin, sich innerlich mit dem Bruder oder der Schwester zu versöhnen. Auch wenn die Versöhnung mit dem andern noch nicht möglich ist, so kann ich meine innere Einstellung verwandeln. Ich kann innerlich in Frieden kommen mit meinem Gegenüber, mit dem ich einen Konflikt habe. Ich bin ihm dann nicht mehr böse, nur traurig, dass die Beziehung so zerbrochen ist. Und ich versuche, mich in den andern einzufühlen. Er ist sicher auch nicht glücklich, wenn er sich so verhärtet. Ich überlege mir, wie tief die Verletzung in ihm sein muss, dass er sich so verschließt. Wie hat er sich als Kind gefühlt? Hat er sich da auch immer zurückgesetzt und nicht verstanden gefühlt?

Ich kann den andern als Spiegel nehmen, um meine eigene Kindheit nochmals zu reflektieren. Die Aussöhnung in meinem Herzen soll zugleich mit einem Schutz vor dem andern verbunden sein. Wenn er mich weiterhin angreift und beschimpft, so soll ich das bei ihm lassen. Ich nehme es nicht persönlich. Ich rechtfertige mich nicht. Ich frage mich vielmehr, was all diese Angriffe über den andern aussagen. Wie verletzt muss er sein, dass er mich so verletzen muss? Wie zerrissen muss er innerlich sein, dass er alle Bindungen zu seinen Geschwistern zerreißt?

Und ich kann mich auch fragen, ob er gerne in seiner Opferrolle bleiben möchte. Ich verurteile ihn nicht. Aber ich nehme wahr, dass er sich in seiner Opferrolle einrichtet.

Ich wünsche ihm, dass er aus der Opferrolle aussteigt. Aber ich weiß, dass es seine eigene Verantwortung ist. Ich kann ihn dazu nicht bringen. Stattdessen kann ich nur betrauern, dass er nicht loskommt von seiner Opferrolle. Und solange er Opfer bleibt, so lange wird von ihm eine aggressive Energie auf die anderen Geschwister ausgehen. Ich kann mich dann nur gegen diese Aggression schützen. Aber zugleich sollte ich weiter hoffen und beten, dass er irgendwann einmal Abschied nimmt von seiner Opferrolle und bereit ist, sich mit den Geschwistern wieder zu treffen.

Indem ich mich innerlich mit dem andern versöhne und keinen Groll mehr gegen ihn hege, werde ich frei von der verletzenden Kraft, die von dem unversöhnten Menschen ausgeht.

Wenn ich mich innerlich nicht versöhnen kann, wenn ich dem andern nicht vergeben kann, dann bin ich noch gebunden an ihn. Dann bestimmt er meine Stimmung. Vergebung befreit mich daher von der Macht des andern. Ich lasse den andern so, wie er ist. Natürlich nicht aus Resignation, sondern immer in der Hoffnung, dass er sich irgendwann einmal wandelt. Die übrige Familie soll sich von dem Bruder, der sich von ihr abgewandt hat, nicht in ihrem Frieden und in ihrer Freude stören lassen. Sie sollen betrauern, dass es so ist. Aber wenn sie ein Fest in der Familie feiern, sollen sie sich das Fest nicht durch den nicht anwesenden Bruder oder die grollende Schwester vermiesen lassen.

Es tut weh, dass der Bruder nicht da ist. Aber es ist seine Entscheidung. Er möchte mit seiner Entscheidung auch Macht über die übrige Familie ausüben. Aber von dieser Macht muss man sich befreien. Ein unversöhnter Bruder kann die ganze Familie zerstören. Von seinem Unversöhntsein geht eine starke Aggression aus. Doch wenn sich die anderen Geschwister innerlich mit ihm versöhnen, dann nehmen sie ihm diese Macht, die Familie zu zerstören. Dann isoliert er sich nur selbst. Aber er vergiftet mit seiner Aggression nicht mehr die ganze Familie.

Zugleich werde ich durch die innere Versöhnung auch frei von Schuldgefühlen. Viele erinnern sich in dieser Situation an das Wort Jesu: »Wenn du deine Opfergabe zum Altar bringst und dir dabei einfällt, dass dein Bruder etwas gegen dich hat, so lass deine Gabe dort vor dem Altar liegen; geh und versöhne dich zuerst mit deinem Bruder, dann komm und opfere deine Gabe.« (Mt 5,23 f.)

Manche haben das Gefühl, sie dürften in einer solchen Situation nicht zur Kommunion, zum heiligen Abendmahl gehen. Vorher müssten sie sich mit ihrem Bruder versöhnen. Diese Forderung Jesu bedeutet auf jeden Fall, dass ich mich innerlich versöhnen muss. Ich darf zur Kommunion nicht mit einem Groll gegen den Bruder gehen. Aber wenn der Bruder sich jeder Versöhnung verschließt, darf er mich nicht auf Dauer von der Kommunion fernhalten. Dann würde er mich ja mit seiner mangelnden Versöhnungsbereitschaft mein Leben lang bestrafen. Er würde mir ständig ein schlechtes Gewissen einimpfen. Doch das hat Jesus mit seinem Wort sicher nicht gemeint.

Jesus fordert mich auf, mein eigenes Denken ständig zu überprüfen, ob da in mir noch Groll und Unversöhnlichkeit herrschen, ob da noch rachsüchtige oder bittere Gefühle meinem Bruder gegenüber in mir sind. Und er fordert mich auf, mich innerlich von diesen Emotionen zu reinigen und innerlich dem Bruder gegenüber freundliche Gefühle auszusenden. Ich soll mir vorstellen, dass auch er Bruder oder Schwester Jesu ist, dass Jesus auch für ihn oder für sie gestorben ist. Evagrius Ponticus hat das Wort Jesu in diesem Sinn verstanden. Er schreibt in seinem Buch über das Gebet: »Lass deine Gabe vor dem Altar, gehe und versöhne dich erst mit deinem Bruder, rät uns unser Herr – dann wirst du ungestört beten können. Groll nämlich trübt den Geist des Menschen, der betet, und wirft einen Schatten über sein Gebet.«[16] Wenn wir innerlich unversöhnt mit dem Bruder bleiben, werden wir nicht fähig zum wahren Gebet sein. Wenn wir uns innerlich mit dem Bruder versöhnen, sind wir frei von Groll. Und wir eröffnen dem Bruder die Möglichkeit, irgendwann aus seiner Selbstisolierung auszubrechen und wieder auf die Geschwister zuzugehen.

Der dritte Schritt, den ich rate, besteht darin, kleine Zeichen der Versöhnung zu setzen. Ich würde dem Bruder eine nette Karte zu Weihnachten oder zu seinem Geburtstag schreiben. Wenn die Karte nicht zurückgeschickt wird, dann würde ich das nächste Mal einen Brief schreiben. Ich würde im Brief keine Vorwürfe erheben, sondern dem Bruder Gottes Segen wünschen, dass es ihm gut geht. Und ich kann meinen Wunsch schreiben, dass ich mich gerne mit ihm treffen würde. Er hat dann die Freiheit, darauf zu reagieren. Oder ich kann ihm vorschlagen, er solle einen Mediator benennen, der mit ihm und der Familie oder auch nur einem Vertreter der Familie die ganze Sache bespricht. Wichtig ist, dass ich bei diesen kleinen versöhnlichen Zeichen Geduld aufbringe. Ich darf nicht erwarten, dass der Bruder gleich reagiert. Vielleicht braucht es lange Zeit, bis er auf eine Karte oder einen Brief reagiert. Ich würde ihm Zeit lassen. Und in dieser Zeit würde ich weiter für ihn beten, dass durch Gebet und die Zeichen der Versöhnung langsam in seinem Herzen eine Wandlung eintritt.

Aber ich weiß, dass diese drei Ratschläge nicht immer zum Erfolg führen. Manchmal bleiben die Geschwister zerstritten. Eine Versöhnung ist einfach nicht möglich. Dann ist es wichtig, sich mit dieser Unmöglichkeit der Versöhnung auszusöhnen. Dann kann ich sagen: Ich betrauere, dass meine Geschwister zerstritten sind. Durch das Betrauern komme ich in Berührung mit dem Grund meiner Seele. Und dort entdecke ich meine wahre Identität. Dort wird mir bewusst, was ich von meinen Eltern empfangen und gelernt habe. Dort erkenne ich auch, was ich von meinen Geschwistern geschenkt bekommen habe, was sie mir früher bedeutet haben. Und das, was ich da in mir erkenne, das kann mir niemand rauben. Das ist in mir als dankbare oder auch als schmerzliche Erinnerung.

Es ist meine Aufgabe, die guten Erinnerungen dankbar anzunehmen und auch die schmerzlichen Erinnerungen als Teil meines Lebens zu akzeptieren. Dann können sie mich jetzt sensibler machen für den Wert der Familie, aber auch für Menschen, die unter dem Verlust der Familie leiden. Es geht dann darum, wie Hildegard von Bingen sagt, die Wunden in Perlen zu verwandeln. Ich bleibe dann – wie Mose in der biblischen Geschichte – demütig, weil ich weiß, dass ich auch mit bestem Willen das Leben nicht so gestalten kann, wie ich gerne möchte. Ich muss mich aussöhnen mit Situationen, die ich selbst nicht verschuldet habe, die aber jetzt mein Leben beeinflussen.

Doch bei allem Betrauern der Situation, die ich nicht ändern kann, sollte ich nie die Hoffnung aufgeben, dass sich im Bruder oder in der Schwester etwas wandeln kann. Wir sollen nie eines der Geschwister abschreiben. »Die Hoffnung stirbt zuletzt«, sagt das Sprichwort. Wenn ich keine Hoffnung mehr habe für meine Geschwister, dann stirbt die Beziehung. Die Lateiner sagen: »Dum spiro spero = Solange ich atme, hoffe ich«. Paulus sagt: Wir hoffen auf das, was wir nicht sehen. Wir sehen noch keine Veränderung in dem Bruder, der sich voller Groll von seinen Geschwistern abgewandt hat. Aber wir sollten dennoch auf ein Wunder hoffen, auf das Wunder der Verwandlung. Die Hoffnung hält die Beziehung zum Bruder trotz seiner Isolierung wach. Und sie hält die Türe offen für ein neues Miteinander. Wann es kommt, das können wir nicht sagen. Aber darauf hoffen sollen wir, solange wir leben.

Immer wieder bekomme ich Briefe oder Mails, in denen eine Frau oder ein Mann mir schreibt: »Ich gehe jetzt nicht mehr zu den Familienfesten. Ich kann es nicht mehr ertragen. Alle kritisieren mich ständig, lassen kein gutes Haar an mir.« Oder: »Die Atmosphäre ist verlogen. Nach außen tut man vor den Eltern so, als ob alles in Ordnung ist. Aber in Wirklichkeit haben wir uns nichts zu sagen. Wir haben uns in so verschiedene Richtungen entwickelt. Dem Bruder geht es nur um Geld und Macht und seine Karriere. Er schaut ständig auf mich herab und gibt nur an mit seinen Erfolgen. Die Schwester erzählt nur von ihrer Familie, dass ihre Kinder so hochbegabt seien und überall beliebt. Sie müssen die Situation ihrer Familie in den schönsten Farben schildern. Aber wie es dem Einzelnen wirklich geht, das erfahre ich nicht. Ich spüre den verlogenen Schein. Da mache ich nicht mehr mit.«

Ich kann diese Reaktion verstehen. Und vielleicht kann es eine Zeit lang hilfreich sein, dass ich den Schein der heilen Familie durchbreche, indem ich nicht erscheine. Aber wenn ich mich nur zurückziehe, bin ich normalerweise auch nicht sehr glücklich. Ich würde zuerst einmal an meinem eigenen Selbstwertgefühl arbeiten. Mein Selbstwertgefühl fällt nicht in sich zusammen, wenn der Bruder mit seinen Erfolgen angibt oder die Schwester von ihrer perfekten Familie schwärmt. Ich sehe hinter die Kulissen. Ich bin ich. Und ich muss nicht konkurrieren mit meinen Geschwistern. Ich versuche, einfach zu verstehen, wie sie denken und wie sie sich fühlen. Warum brauchen sie das Angeben mit ihren Erfolgen? Verdecken sie damit nur ihre eigene Unsicherheit oder ihre innere Leere? Wenn ich ganz bei mir bleibe, dann kann ich die verlogene Atmosphäre in der Familie gut aushalten. Ich beobachte einfach, was da abläuft. Entweder schweige ich dazu, oder wenn ich es mir zutraue, stelle ich mal eine Frage, die persönlicher ist, z. B.: Wie geht es dir wirklich? Ich höre von deinen Erfolgen. Das ist schön. Aber wie geht es dir persönlich? Was bewegt dich?

Was liest du gerade? Solche Fragen können zumindest die Geschwister verunsichern. Vielleicht entsteht dann auch ein persönlicheres Gespräch. Wenn die Geschwister in einer solchen Situation blockieren, dann fasse ich nicht nochmals nach. Sie können es vielleicht nicht anders. Sie haben eine zu große Angst vor der eigenen Wahrheit. Das kann ich dann so stehen lassen, ohne dass ich mich innerlich von den Geschwistern verunsichern lasse.

Wenn die Atmosphäre der Familienfeiern für mich nicht stimmt, dann kann ich selbst ja dazu beitragen, dass sie sich verändert. Wir haben mit allen Geschwistern und ihren Familien immer den Geburtstag meiner Mutter gefeiert. Das waren immer schöne Feste. Meine Geschwister haben Kuchen gebacken und ein Buffet hergerichtet. Wir haben gut gegessen und uns nett unterhalten. Aber irgendwann hatte ich das Gefühl: Es läuft immer gleich ab. Der Geburtstag meiner Mutter spielt eigentlich keine Rolle. Er ist nur Anlass für unser Treffen. Ich habe immer eine kurze Ansprache gehalten. Aber irgendwie war ich nicht damit zufrieden. Dann habe ich mir jedes Jahr ein anderes Ritual ausgedacht, das wir beim Geburtstag meiner Mutter machen könnten. In einem Jahr habe ich meine Geschwister eingeladen, jeder sollte erzählen, was er von der Mutter gelernt hat. Da entstand auf einmal eine ganz persönliche Atmosphäre. Der Mutter hat es gutgetan, zu hören, was ihre Kinder ihr verdanken. Und die Enkelkinder waren voller Neugier, den Erzählungen ihrer Eltern zu lauschen. Ein andermal habe ich meine Geschwister gebeten, der Mutter ein

Kreuz in die offenen Hände zu zeichnen und ihr dabei einen Wunsch zu sagen. Da entstand auf einmal eine große Nähe. Jeder berührte zärtlich die Mutter und verwendete Worte, die er ihr bisher in seinem Leben nur sehr selten gesagt hatte.

Es braucht immer den Mut, eine Hemmschwelle zu überschreiten. Und ich muss meinen Geschwistern zutrauen, dass sie sich auf das Ritual einlassen. Das haben sie immer gerne gemacht. Und dann hatten wir jedes Mal beim Abschied das Gefühl: Das war ein schönes Fest. Das Ritual war immer auch ein Ort, an dem wir Gefühle geäußert haben, die sonst in normalen Gesprächen nicht ausgedrückt worden wären. Und diese Gefühle haben uns tiefer miteinander verbunden. Die Rituale haben uns in unserer Familienidentität gestärkt: Wir haben einen besonderen Stil des Miteinanders. Wir können noch gut miteinander feiern.

Ich versuche, den Menschen, die sich über mangelnden Zusammenhalt zwischen den Geschwistern beklagen, immer Mut zu machen, selbst neue Wege zu wagen, die zu einem besseren Miteinander führen können. Ich kann mir überlegen, wie ich das nächste Geburtstagsfest feiern möchte, mein eigenes oder das eines Bruders oder einer Schwester. Dabei geht es nie nur um den äußeren Rahmen, sondern um die liebevolle Gestaltung der Feier. Es braucht neue Einfälle, vielleicht Rituale, mit denen ich das Fest gestalten möchte. So eine liebevoll gestaltete Feier kann Bewegung in die Beziehung zwischen den Geschwistern bringen. Alkohol sollte weitestgehend außen vor bleiben – denn man braucht einen klaren Kopf, um einander wirklich neu zu begegnen. Und darum geht es.

Eine Frau sagte mir: Ich würde ja gerne ein solches Ritual feiern, wie Sie es vorgeschlagen haben, wenn meine Mutter demnächst Geburtstag hat. Aber ich weiß genau, dass mein Bruder so etwas vermutlich gleich lächerlich macht. Und damit auch mich. Vermutlich hat die Frau mit dieser Befürchtung sogar recht. Es ist immer ein Wagnis, so etwas auszuprobieren, und sie kennt ihren Bruder vermutlich gut. Wenn er grundsätzlich allem Neuen fremd gegenübersteht, wird es schwierig sein, mit ihm neue Wege zu gehen.

Ich muss spüren, was möglich ist. Aber ich darf mich auch nicht von meinem Bruder lähmen lassen, der immer wieder alles lächerlich machen möchte. Ich habe daher der Frau geraten, sie solle zu dem Ritual offen einladen: Wer möchte, kann gerne mitmachen. Wer es nicht machen möchte, darf einfach als Beobachter dabei sein. Aber ich verlange von den Zuschauern, dass sie das Ritual der andern nicht lächerlich machen. Sie sollen einfach zuschauen. Das ist ihr gutes Recht. Aber sie dürfen mit ihrer Ironie nicht das zerstören, was den andern heilig ist.

Die Erfahrung zeigt, dass, wenn wir die Angst und die erste Hemmschwelle überwinden, ein Ritual auch Wunder wirken kann in der Beziehung zu den Eltern und der Geschwister untereinander. Aber Rituale sind natürlich kein Allheilmittel, alle problematischen Geschwisterbeziehungen zu heilen.

Wenn das mit gemeinsamen Feiern nicht gut möglich ist, weil die Geschwister zu sehr zerstritten sind, dann könnte ich Einzelne von ihnen vielleicht einmal zu einer Wanderung einladen. Unterwegs, wenn ich allein mit dem Bruder oder der Schwester wandere, können wir vieles besprechen, was uns bewegt. Und wir können auch gemeinsam unsere familiäre Situation anschauen. Vielleicht fällt uns dann ein, was wir dazu beitragen könnten, dass das Miteinander besser wird. Wir sollten uns aber davor hüten, beim gemeinsamen Spaziergang nur über die andern Geschwister zu sprechen oder über sie zu urteilen. Vielmehr sollten wir uns miteinander darüber austauschen, wie sich der andere fühlt, was ihn bewegt, wie er sein Leben bisher bewältigt hat, was er wohl von den Geschwistern bräuchte oder was er selbst für sich tun könnte. Vielleicht ist es hilfreich, gemeinsam in die Vergangenheit zu schauen und die eigene Kindheit in den Blick zu nehmen.

Der Prophet Amos sagt einmal: »Können denn zwei miteinander wandern, ohne unterwegs einig zu werden?« (Am 3,3) So darf ich hoffen, dass wir uns auf dem gemeinsamen Weg näherkommen.

Ich erlebe oft, dass manche Menschen zu schnell ins Jammern verfallen. Sie fühlen sich als Opfer einer zerrütteten Familie. Manchmal ist dies auch wirklich so. Dann sollte ich meine Energie zuerst einmal darauf verwenden, für mich selbst gut zu sorgen und mein eigenes Leben zu leben. Aber ich darf auf keinen Fall immer nur in der Opferrolle bleiben, sollte selbst aktiv werden. Was kann ich für mich tun?

Manchmal sind sich die Geschwister im Laufe der Jahre so fremd geworden, dass es ehrlicher ist, die Situation so zu belassen. Der Versuch, alle zusammenzuführen, würde kläglich scheitern. Dann sollte ich meine Energie besser darauf verwenden, mein Leben gut zu leben und mir Freunde zu suchen, mit denen ich mich gut verstehe und die mich tragen. Manchmal finden solche Menschen auch in der Familie des Ehepartners das, was sie in ihrer eigenen Familie vermisst haben.

Aber wenn ich noch Hoffnung für meine eigenen Geschwister und unser Zusammensein habe, sollte ich mich fragen: Was kann ich für ein gutes Miteinander der Geschwister tun? Gibt es Wege, etwas gemeinsam zu unternehmen? Oder ist es möglich, mit einem der Geschwister einmal Kontakt aufzunehmen, um unter vier Augen das Gespräch zu suchen. Vielleicht freut sich der Bruder oder die Schwester über einen Anruf.

Manchmal wird das eigene Tun bescheiden bleiben. Aber ich sollte mir zumindest die Frage stellen, was ich dazu beitragen kann, dass die Beziehung zu den Geschwistern besser wird.

In letzter Zeit frage ich in Seelsorgegesprächen oft, ob der Gesprächspartner Geschwister hat und wie die Beziehung zu ihnen ist. Sehr oft höre ich, dass die Beziehung nicht gut sei oder dass man sich auseinandergelebt habe. Aber oft höre ich auch die Sehnsucht heraus, die Beziehung zu verbessern. Ich bestärke dann die Menschen immer, sie sollten einfach von sich aus den Kontakt zum Bruder, zur Schwester suchen. Sie könnten sie ja einfach zu einem Besuch einladen oder mit ihnen gemeinsam ins Kino oder ins Theater gehen. Vielleicht haben sie von sich aus nicht den Mut, auf andere Geschwister zuzugehen, und freuen sich über die Initiative. Oft haben meine Gesprächspartner nur ein Geschwister. Dann ermutige ich sie, sich erst einmal für den Bruder oder die Schwester zu interessieren. Sie könnten ihnen einen Brief schreiben und einfach fragen, wie es ihnen geht. Oder ihnen sagen, dass sie gerne mehr Kontakt haben würden. Wenn wir über uns selbst schreiben, sollten wir unser Leben nicht in zu grellen Farben schildern, sondern ehrlich schreiben, wie es wirklich ist. Dann eröffnen wir auch dem Bruder oder der Schwester die Möglichkeit, von sich offen zu erzählen.

Manchmal sagen mir die Gesprächspartner: »Ja, ich will wieder mehr Kontakt zu meiner Schwester, zu meinem Bruder. Denn wir sind die Einzigen aus der Familie, die noch leben. Die Eltern sind gestorben. Und es wäre schade, wenn wir nebeneinanderher lebten. Wir sind verschieden. Aber trotzdem sind wir Geschwister. Und wir haben uns als Kinder immer gut verstanden. So möchte ich wieder anknüpfen an das, was uns miteinander verbindet. Ja, ich möchte gerne mit meinem Bruder, meiner Schwester über unsere Kindheit sprechen. Vielleicht erfahre ich auf diesem Wege auch Neues über unsere Eltern. Der Bruder hat seine Erfahrungen mit ihnen gemacht. Und vielleicht kann er dann auch erzählen, wie er mich erlebt hat.« Es geht darum, diese Erlebnisse in der Kindheit nicht zu bewerten, sondern sie einfach zu erzählen. Es tut uns gut, um unser eigenes Leben besser zu verstehen und mehr zu unserer eigenen Identität zu stehen. Wenn wir mit den Geschwistern die eigene Lebensgeschichte anschauen und uns gegenseitig ergänzen, können wir hoffentlich unsere Kindheit, unsere Eltern und so uns selbst besser verstehen.

7. EINANDER VERSTEHEN

Im Umgang mit den Geschwistern erkennen wir, dass jeder von uns eine eigene und einmalige Person ist. Jeder reagiert anders. Jeder hat einen anderen Charakter. Jeder hat seine Eigenheiten. Und jeder hat sein eigenes Wesen, ist ein besonderer Typ. Von der Theologie her können wir es so formulieren: Jeder Mensch ist ein einmaliges Bild, das Gott sich nur von diesem Menschen gemacht hat. Und unsere Aufgabe besteht darin, immer mehr dieses Bild in uns zu verwirklichen. Wir können dieses Bild nicht beschreiben. Aber wenn wir im Einklang mit uns selbst sind, wenn wir in der Stille das Gefühl von Stimmigkeit haben, dann dürfen wir vertrauen, dass wir mit diesem einzigartigen Bild Gottes von uns in Berührung sind.

Dieses einmalige Bild Gottes zeigt sich in jedem Menschen anders. Wenn wir als Geschwister zusammenleben, dann erfahren wir die Verschiedenheit. Jeder lebt sein eigenes Charisma. Jeder ist sein eigener Typ.

Seit jeher hatten die Menschen das Bedürfnis, die verschiedenen Typen von Menschen in ein System einzuordnen. Das Enneagramm kennt neun Typen. Da gibt es den Perfektionisten und den Altruisten, der sich vor allem um andere kümmert. Oder den Erfolgreichen, der Lust hat, etwas anzupacken. Es gibt den Künstler, den stillen und introvertierten Typen, und auch den, für den vor allem die Normen wichtig sind. Es gibt den Schmetterling, den Rebellen und den Ausgleichenden. Manchmal kann ein solches Schema helfen, die besondere Prägung der Geschwister zu erkennen. Wir werten die Prägungen nicht. Wir freuen uns einfach an der Vielfalt der Geschwister. So ein Schema kann helfen, jeden Bruder und jede Schwester in seiner Eigenheit anzunehmen, anstatt mich daran zu reiben, dass sie nicht so sind wie ich, oder wie ich mir den Bruder oder die Schwester vorstelle. Ich erkenne in jedem meiner Geschwister seine Stärken und seine Schwächen, seine Licht- und seine Schattenseiten. Das Schema kann helfen, einander zu verstehen. Aber ein Schema birgt immer auch die Gefahr, Menschen auf einen bestimmten Typ festzulegen und ihm damit nicht gerecht zu werden. Bei jeder Typisierung müssen wir immer im Blick behalten, dass jeder Mensch einmalig ist und sich nicht einfach in ein Schema pressen lässt.

Ein anderer Versuch, die verschiedenen Typen zu verstehen, sind die archetypischen Bilder von Männern und Frauen. In meinem Buch »Kämpfen und Lieben« habe ich solche archetypischen Bilder von Männern beschrieben, wie sie uns die Bibel vor Augen führt. Und in dem Buch »Königin und wilde Frau« habe ich gemeinsam mit meiner Schwester Linda archetypische Bilder von Frauen aus der Bibel abgeleitet und beschrieben. Diese Bilder sind gleichsam ein Spiegel, in dem wir uns selbst anschauen können. Aber sie können auch eine Hilfe sein, meine Brüder und Schwestern besser zu verstehen. Manche entsprechen einem dieser archetypischen Bilder. Andere haben etwas von verschiedenen Bildern an sich.

Wenn ich meine Geschwister mithilfe der archetypischen Bilder anschaue, verzichte ich darauf, sie zu bewerten und auf ein einzelnes Bild festzulegen. Das Bild wird vielmehr zu einer Brille, mit deren Hilfe ich das Geheimnis jedes Bruders und jeder Schwester erkennen kann. Dies hilft mir, besser mit ihnen umzugehen, anstatt mich ständig mit ihnen zu reiben.

Wenn wir die archetypischen Bilder von Männern und Frauen in der Bibel anschauen, soll uns das helfen, uns selbst und einander besser zu verstehen. Jeder Mensch sehnt sich danach, verstanden zu werden. Häufig erlebe ich, dass die Menschen sich von ihren Eltern nicht verstanden fühlten. Doch in manchen Familien führt das mangelnde Verständnis der Eltern für ihre Kinder dazu, dass die Geschwister einander näherkommen. Sie versuchen, den andern zu verstehen. Und manchmal vertraut der Bruder der Schwester oder die Schwester dem Bruder etwas an, was sie ihren Eltern nie sagen würden. Sie haben das Gefühl, dass der Bruder/die Schwester mehr Verständnis für sie aufbringt. Verstehen hat mit Stehen zu tun. Wenn ich mich verstehe, kann ich zu mir stehen, dann bekomme ich Stehvermögen. Wenn ich den andern verstehe, dann helfe ich ihm, dass er sich selbst annehmen und zu sich stehen kann. Und wenn ich mich von einem meiner Geschwister verstanden weiß, dann fühle ich mich besser. Meine Erfahrung ist, dass Menschen, die sich von ihren Geschwistern verstanden fühlen, häufig gesünder sind und ohne große seelische Probleme leben. Ich frage oft die Menschen, die mir ihre innere Not erzählen, ob sie auch Geschwister haben. Dann höre ich häufig, dass sie zwar einen Bruder oder eine Schwester haben, aber dass die Beziehung schlecht ist, oft sogar eine Belastung, die die sonstigen Probleme noch verstärkt.

Was mit uns geschieht, wenn wir einander verstehen oder uns verstanden fühlen, das zeigt eine genaue Betrachtung des Wortes »verstehen«. Die deutsche Vorsilbe »ver« in verstehen entspricht drei lateinischen Präpositionen: prae, pro und per. Prae bedeutet vor. Wenn sich der Bruder vor mich stellt, dann kann ich in seinem Schatten auch zu mir stehen, dann bekomme ich mehr Selbstvertrauen. Ich erlebe häufig, dass sich die Geschwister vor den Bruder oder die Schwester stellen, wenn sie von außen angegriffen oder kritisiert werden. Es tut mir gut, wenn sich die Geschwister vor mich stellen. Dann fühle ich mich geschützt. Und dann bekomme ich mehr Selbstvertrauen. Pro heißt: für. Wenn einer für mich einsteht, dann vermag auch ich, für mich einzustehen und einverstanden zu sein mit mir. Es ist eine stärkende Erfahrung, wenn die Geschwister füreinander einstehen. Dann fühlen sie sich geliebt. Sie sind nicht allein. Sie spüren, dass sie wichtig sind, dass sie gesehen werden. Sie sind so wichtig, dass die andern Geschwister für sie einstehen. Per heißt: durch. Wenn einer mit mir etwas durchsteht, wenn er nicht ängstlich zurückweicht, wenn ich mich schwierig verhalte oder in eine Krise geraten bin, dann schenkt mir das Stehvermögen. Menschen, die dieses Durchstehen ihrer Geschwister erfahren haben, werden dann auch schwierige Zeiten besser bestehen. Sie werden sich nicht gleich aufgeben, wenn sie die Diagnose einer schweren Krankheit bekommen. Weil die Geschwister etwas mit ihnen durchgestanden haben, finden sie oft auch die Kraft, die Krankheit, einen Konflikt oder eine Krise durchzustehen. Es ist wunderbar, wenn sich die Geschwister einander verstehen, wenn sie sich vor die andern stellen, wenn sie für sie eintreten und wenn sie alle schwierigen Zeiten gemeinsam miteinander durchstehen.

Genau wie die Geschwister sich gegenseitig realistisch einschätzen und niemanden verherrlichen, so tut es auch die Bibel. Die Bibel zeigt uns, dass Gott die Menschen versteht. Gott selbst stellt sich vor die Menschen und schützt sie. Gott tritt für sie ein. Für uns Christen ist Jesus die Konkretisierung des Fürseins Gottes für uns. Die »Proexistenz« ist das eigentliche Kennzeichen Jesu. So hat der Erfurter Neutestamentler Heinz Schürmann das Wesen Jesu beschrieben. Das Fürsein Jesu zeigt sich im Lukasevangelium in den vielen Begegnungen, in denen Jesus ganz für die Menschen da ist. Und das Fürsein Jesu gipfelt in seinem Tod. Jesus ist für uns gestorben, aus Liebe zu uns: »er, der Gerechte, für die Ungerechten, um euch zu Gott hinzuführen« (1 Petr 3,18). Dieses Fürsein

Jesu, das uns in seinem Tod sichtbar vor Augen geführt wird, gibt uns das Vertrauen, dass wir wertvoll sind. So wertvoll, dass einer sein Leben für uns eingesetzt hat, dass er seinen Kopf für uns hingehalten hat, damit wir geschützt sind vor allen, die uns bedrängen. Und Jesus, der durch das Leiden hindurchgegangen ist, möchte auch uns stärken, wenn wir manches durchzustehen haben.

Die Männer und Frauen, die uns die Bibel mit ihren Charakteren beschreibt, haben Stärken und Schwächen. Niemand wird da in den Himmel gehoben. Wir können uns in den verschiedenen Typen wiederfinden: Abraham ist der Pilger. Er zieht aus seiner Heimat fort und lässt sich auf den Weg mit Gott ein. Er wandert in ein neues Land. Doch als dieses Land von einer Hungersnot heimgesucht wird, wandert er weiter bis nach Ägypten. Und schließlich kehrt er wieder in das Land zurück, das Gott ihm verheißen hat. Es heißt von ihm: »Er wanderte von einem Lagerplatz zum andern weiter.« (Gen 13,3) Es gibt Geschwister, Brüder oder Schwestern, die diesem Bild entsprechen. Es würde für sie zu eng, wenn sie immer daheimbleiben würden. Sie müssen in die weite Welt ausziehen. Manche suchen sich in der Fremde eine Heimat, andere gehen von einem Ort zum andern. Solche Pilgertypen sind oft voller Lebendigkeit und Abenteuerlust. Aber natürlich ist ihre Schattenseite, dass sie nicht genügend dafür sorgen, in ihrem Beruf weiterzukommen oder eine Familie zu gründen. Meine älteste Schwester war eine solche Pilgerin. Sie ist gerne in ferne Länder gezogen und hat sich immer bereichern lassen von den Erfahrungen, die sie dort gemacht hat. Manchmal hat die andern Geschwister das genervt, weil sie immer, wenn sie aus einem andern Land kam, die Verhältnisse in Deutschland kritisiert hat. Aber sie hat eben auch die Enge gesehen, in der manche Geschwister geblieben sind. So hat sie mit ihrem Verhalten die ganze Familie geweitet und für Menschen anderer Länder geöffnet.

Sara lacht, als die Engel ihrem Mann Abraham verkünden, dass seine Frau noch ein Kind bekommen wird. »Sara lachte still in sich hinein und dachte: Ich bin doch schon alt und verbraucht und soll noch das Glück der Liebe erfahren? Auch ist mein Herr doch schon ein alter Mann!« (Gen 18,12) Sie lacht über das Unmögliche, das ihr da verheißen wird. Sie lacht über ihr Alter und über ihren Mann, der eigentlich in seinem Alter keine Kinder mehr bekommen würde.

Sara nimmt weder sich und ihr Alter noch die Verheißung der Engel ernst. Das Lachen ist ihr Weg, allem mit Leichtigkeit zu begegnen. Sie jammert nicht über ihr Alter – das Lachen ist befreiend. Meine beiden jüngsten Schwestern haben diesen Typ verwirklicht. Sie haben die Bemerkungen und Kritik ihrer Brüder nicht so ernst genommen und einfach gelacht. Das war ihr Weg, mit sich und ihrem Leben zurechtzukommen. Und dieses Lachen haben sie sich auch bis heute bewahrt: die Dinge nicht so ernst und das Leben leichter zu nehmen. Natürlich ist Sara nicht der einzige Typ, auf den dies zutrifft. Es gibt auch andere Bilder, die sie verwirklichen. Und da unterscheiden sich die jüngste und die zweitjüngste Schwester voneinander. Jede hat ihren Weg gefunden, und sie respektieren einander. Meine Schwester Linda hat manche Seiten einer Königin in sich verwirklicht. Und Elisabeth kennt die Kämpferin in sich. Sie hat sich durchgekämpft, das Abitur nachzumachen und als Mutter dreier Töchter später Psychologie im Fernstudium zu lernen. Wenn meine beiden jüngsten Schwestern miteinander sprechen, dann vergleichen und bewerten sie sich nicht, wer mehr erreicht hat. Vielmehr wächst im Gespräch das Verständnis für die andere. Jede weiß, dass man sich aufeinander verlassen kann, dass jede für die andere einstehen und mit ihr schwere Zeiten durchstehen wird.

Simson ist der Krieger. Mit diesem Bild tun wir uns heute schwer. Aber der Archetyp des Kriegers meint, dass wir für das Leben kämpfen, dass wir Konflikten nicht aus dem Weg gehen und Verantwortung übernehmen. Sigmund Freud kritisiert die Erziehungsmethoden seiner Zeit – die Kritik gilt heute noch genauso –, dass sie den Jugendlichen nicht auf die Aggression vorbereiten. Die Gewalttätigkeit mancher Jugendlicher zeigt, dass sie im Kreis der Geschwister keinen angemessenen Umgang mit Aggression eingeübt haben. Als Kinder haben wir uns gerne als Indianerkrieger gefühlt. Aber der Kampf hatte immer Regeln. Und es ging nie darum, den andern zu verletzen oder kleinzumachen. Das Kräftemessen war für uns eine Hilfe, uns dem Leben zu stellen und uns durch das Leben zu kämpfen, wenn es mal schwer wurde. So brauchen Kinder auch den Archetyp des Kriegers. Und der kann gerade im Kreis der Geschwister gut eingeübt werden. Da hat das Kämpfen immer Spielregeln. Und die Kämpfenden solidarisieren sich, sie spalten sich nicht in Freund und Feind.

Der Archetyp des Kriegers ist ein wichtiges Bild für die meisten Jungen. Dennoch trägt jeder Junge auch Züge eines der archetypischen Bilder, die uns die Bibel aufzeigt. Bei meinen Brüdern fällt es mir nicht so leicht, sie einzelnen archetypischen Bildern zuzuordnen. Aber auch bei ihnen zeigen sich Züge, wie wir sie in den biblischen Gestalten wiederfinden. Mein ältester Bruder hat etwas von Isaak an sich. Da meine älteste Schwester eine typische Vatertochter war, mit dem sie durch ihre Abenteuer und Reisen innerlich verbunden war, hat mein ältester Bruder vermutlich nicht die gleiche Zuwendung des Vaters erfahren wie meine älteste Schwester. Aber ich würde ihn nie festlegen auf das Bild des verwaisten Mannes. Er hat in sich auch eine Seite des biblischen Jakob an sich. Jakob verwirklicht den Archetyp des Vaters. Mein ältester Bruder ist gerne Vater. Und jetzt im Alter blüht er als Großvater auf neue Weise auf. Seine Enkelkinder lieben ihn heiß und innig. Sie zeigen jetzt im Alter, was da an Väterlichkeit in ihm steckt.

Der andere Bruder, der zwei Jahre älter ist als ich, hat etwas vom Führer an sich, den Mose in der Bibel repräsentiert. Er ist der ältere von uns drei Brüdern. So hat er uns immer angeführt, auch bei unseren Fahrradtouren als Kinder und Jugendliche. Da ist er in die Rolle des Führers hineingewachsen. Aber auch er lässt sich nicht auf das archetypische Bild des Führers reduzieren. Er lebt viele andere Seiten, die uns die biblischen Männer vor Augen geführt haben.

Mein jüngerer Bruder hat etwas vom Magier an sich, den Joseph in der Bibel repräsentiert. Vom Magier sagt der Psychologe Fischedick, dass er das vordergründige Erscheinungsbild der Welt durchschaut, um die Wirklichkeit im Hintergrund zu erkennen. Mein Bruder studiert jetzt im Alter leidenschaftlich Quantenphysik und Astronomie. Er möchte hinter die Dinge schauen und sich nicht mit dem Vordergründigen zufriedengeben. Aber mein jüngerer Bruder hat auch etwas von Jona, dem Schelm, an sich. Schon in der Schulzeit hat er die Lehrer gerne provoziert, um die ernste Atmosphäre aufzulockern.

Jeder wird in seinen Geschwistern den einen oder anderen Zug der archetypischen Bilder erkennen, wie sie die Bibel von Männern und Frauen beschreibt. Da verwirklicht die eine oder andere Schwester etwas von Eva, der Mutter, von Tamar, der wilden Frau, von Judith, der Kämpferin, von Esther, der Königin, oder von Hanna, der weisen Frau. Oder die Brüder zeigen Aspekte der männlichen Archetypen, etwa Simsons, des Kriegers, Davids, des Königs, Salomos, des Liebhabers, Johannes des Täufers, des wilden Mannes, oder des Lieblingsjüngers Johannes. Keiner lässt sich auf so ein Bild festlegen. Aber wenn wir unsere Brüder und Schwestern mit der Brille dieser archetypischen Bilder betrachten, werden wir oft erst den Reichtum erkennen, den sie darstellen. Manchmal sind wir auch in Gefahr, einander auf das Oberflächliche zu reduzieren, was wir am andern kennen. Aber wenn wir ihn im

Licht biblischer Geschichte betrachten, entdecken wir manches, was wir sonst übersehen würden. Und dadurch werden wir unseren Geschwistern mehr gerecht. Nichts ist schlimmer, als wenn Geschwister sich gegenseitig einfach festlegen. Meistens legt man dann die eigene Messlatte an den Bruder oder die Schwester. Und wenn sie anders sind, werden sie verurteilt. Doch wenn wir sie mit der Brille der archetypischen Bilder anschauen, erkennen wir, was da an Fähigkeiten in ihnen schlummert und was das Geheimnis jedes einzelnen Geschwisters ist. Wir werden ihnen dann eher gerecht, als wenn wir sie nur auf unsere oft doch sehr beschränkten Erfahrungen mit ihnen festlegen. Allerdings dürfen wir sie auch nicht auf ein archetypisches Bild reduzieren. Jeder ist in seiner Person immer einmalig. Die archetypischen Bilder wollen uns nur etwas von der Vielfalt und dem Reichtum jedes Einzelnen aufzeigen.

Die Geschwister zu verstehen, ist die Bedingung, dass sich diejenigen, die sich zerstritten haben oder die einfach nebeneinanderher leben, wieder näherkommen. Vor der Versöhnung steht das Verstehen. Viele Geschwister lehnen einander ab, weil sie das Gefühl haben, die andern sind vom Vater oder von der Mutter vorgezogen worden. Aber oft ist auch das Unverständnis für die Eigenart des Bruders oder der Schwester der Grund, warum sie sich voneinander entfremdet haben und kaum mehr Kontakt zueinander pflegen. Sie haben sich nichts zu sagen, weil der andere ihnen in seiner Art fremd ist. Da wäre die erste Aufgabe, sie oder ihn erst einmal zu verstehen. Warum ist der Bruder so? Warum schafft die Schwester das Leben nicht? Verstehen heißt, dass ich den andern nicht bewerte. Ich versuche, mich in ihn hineinzudenken. Was fühlt er, wie denkt sie, was bewegt sie? Welches Ziel sieht er in seinem Leben?

Ein Mann erzählte mir, er war schon in der Kindheit immer Außenseiter in der Familie. Die Eltern haben ihn nicht verstanden und auch die Geschwister nicht. Für den Vater war er fremd, weil er nicht das Bild des starken Mannes, des guten Handwerkers, der mit beiden Beinen im Leben steht, darstellte – so hätte es sich sein Vater von ihm gewünscht. Der Mutter war er fremd, weil er gerne für sich allein war, anstatt mit ihr zu schmusen. Die Geschwister haben ihn nicht verstanden, weil er wenig Interesse an ihren Spielen oder an ihren Bedürfnissen hatte. Er war sehr introvertiert, weil er sich schon sehr früh Gedanken gemacht hat, was der Mensch sei und worin der Sinn des Lebens besteht. Man könnte sagen, er hatte etwas vom archetypischen Bild des Magiers an sich. Das war für die übrige Familie fremd. Und so wurde er an den Rand gedrängt. Es wäre eine Chance für die Familie gewesen, die Eigenart dieses Sohnes zu verstehen. Verstehen bedeutet auch, dass ich ihn so stehen lasse, wie er ist. Zu erkennen: Er hat ein Recht, so zu sein. Wenn ich den andern verstehe, habe ich auch teil an ihm. Dann wird die Fähigkeit, die er in sich hat, auch etwas in meiner Seele wachrufen und mein Leben erweitern. Ich entdecke dann, dass ich auch etwas von dieser Fähigkeit in mir habe. Dann wird der andere für mich kein Fremder mehr sein. Das Fremde in ihm wird zu meinem Eigenen. Dadurch kann ich ihn auch besser verstehen. Ich muss nicht alles mit ihm teilen. Aber ich interessiere mich für ihn und seine Eigenart, anstatt über ihn zu urteilen und ihn abzuwerten.

Manchmal erzählen mir die Menschen, dass ein Bruder oder eine Schwester als das schwarze Schaf in der Familie gilt. Der Bruder kam schon früh mit Drogen in Berührung. Er hat die Verantwortung für sein Leben nicht übernommen. Die Sucht hat ihn daran gehindert. Eine Frau erzählte mir, dass ihr jüngster Bruder Alkoholiker ist und ständig Schulden hat. Sie hat ihm schon oft mit Geld ausgeholfen. Aber jetzt hat sie sich entschlossen, ihm kein Geld mehr zu geben. Jetzt werfen ihr die Eltern vor, dass sie den Bruder hängen lässt. Aber sie hat den Geldhahn nicht zugedreht aus Geiz, sondern aus der Einsicht, dass sie mit dem Geld dem Bruder nicht wirklich hilft. Vielmehr wird er dadurch in seiner Sucht bestätigt. Er kann Schulden machen, soviel er will, die Geschwister helfen ihm schon aus. Doch dann hat er gar keine Motivation, sein Leben selbst in die Hand zu nehmen.

Die Schwester soll den Bruder nicht verurteilen. Die erste Aufgabe ist, ihn zu verstehen: Warum ist er so geworden? Was bewegt ihn? Was muss er mit dem Alkohol in sich unterdrücken? Ihn zu verstehen heißt nicht, alles zu entschuldigen. Denn dann würde ich ihn nur als Opfer sehen, als Opfer seiner Erziehung, als Opfer von Enttäuschungen und Verletzungen. Doch jeder hat auch eine Verantwortung für sein Leben. Wenn die Schwester versucht, den Bruder zu verstehen, ist dies ein wichtiger Schritt. Sie lässt ihn nicht fallen, aber sich auch nicht von seiner Sucht ausnutzen. Sie wird nicht wie er abhängig, indem sie sich von seiner Sucht dazu verleiten lässt, ihm so viel Geld zu geben, dass sie selbst nichts mehr hat. Sie kann ihn vielmehr im Gespräch auf seine Stärken und auf seine Verantwortung hin ansprechen.

Wenn sie nur moralisierend auf ihn einredet, dass er eine Schande für die Familie ist, wird sie ihm nicht weiterhelfen. Im Gegenteil, dann fühlt sich der Bruder von ihr abgelehnt und hat noch mehr Grund, die Ablehnung durch den Alkohol zu betäuben. Wenn die Schwester den Bruder versteht, dann stellt sie sich vor ihn, aber nicht, um ihn in seiner Sucht zu belassen. Sie stellt sich vielmehr vor ihn, um ihn vor der Verurteilung der andern zu schützen. Sie steht für ihn ein, aber nicht, indem sie alle seine Wünsche nach Geld befriedigt. In der Hoffnung, dass das Gute, das in ihm steckt, über all die Schwächen siegen wird, steht sie ihm zur Seite. Und sie ist bereit, mit ihm die Krisen und die schweren Zeiten des Entzugs durchzustehen. Sie fordert ihn heraus, weil sie an ihn glaubt und weil sie auf das hofft, was sie in ihm noch nicht sieht: auf den Willen, das Leben selbst in die Hand zu nehmen, und auf die Sehnsucht, dass das Leben gelingt.

Eine Schwester erzählte mir, dass sie mit ihrem Bruder keinen Kontakt mehr hat, weil er ausschließlich auf das Geld aus ist. Er erzählt immer nur davon, wie viel er verdient und was er sich alles leistet. Das erzeugt in der Schwester ein Ekelgefühl. Es ist verständlich, dass sie mit ihrem Bruder nicht in ein gutes Gespräch kommt. Aber auch da wäre es die Aufgabe, den Bruder zu verstehen. Warum hat er sich so auf das Geld verlegt? Hat er in sich Minderwertigkeitskomplexe, sodass er seinen Minderwert mit Geld ausgleichen muss? Er war doch als Kind auch fromm. Er war sogar Ministrant. Warum hat er das alles verdrängt? War es Enttäuschung? Warum hat er aufgehört, mit seinem Inneren in Fühlung zu bleiben? Oder war es einfach die Faszination des Geldes, der er erlegen ist? Wenn ich mich so in den Bruder einfühle, versuche ich, ihn zu verstehen. Und dann kann ich das Gespräch, in dem der Bruder nur von seinen Erfolgen erzählt, auf eine andere Ebene bringen. Ich werfe ihm nicht vor, dass er oberflächlich ist. Ich spreche ihn vielmehr auf seine Sehnsucht an, auf das, was ich in ihm an Spiritualität wahrnehme, was er aber aus irgendwelchen Gründen verdrängt hat. Denn wenn er mit seinem Geld und seinem Erfolg angeben muss, dann hat das einen Grund. Der Grund ist aber nicht sein Erfolg, sondern seine tiefe Angst, sonst gar nichts wert zu sein. Wenn ich den Bruder verstehe, eröffne ich ihm die Möglichkeit, sich ein anderes Fundament zu suchen als das Geld, auf dem er fest stehen kann.

Dass die Geschwister sich verstehen und zueinander stehen, ist ein hohes Gut. Aber es wird den Geschwistern nicht einfach in den Schoß gelegt. Es ist auch ihre Aufgabe, einander zu verstehen, sich in den andern hineinzufühlen. Wenn ich den andern verstehe, der mir so fremd geworden ist und mit seinen Reden oft auf die Nerven geht, dann sehe ich ihn mit anderen Augen. Verstehen bedeutet einmal, den andern mit seiner Lebensgeschichte zu verstehen. Ich schaue mir seinen Werdegang an und denke darüber nach, wie er zu dem geworden ist, was er jetzt darstellt. Und ich erkenne dann, wenn ich als sein Bruder oder seine Schwester auch seine Kindheit wahrnehme, was sonst noch in ihm steckt. Ein Weg des Verstehens besteht darin, dass ich mich frage: Welche Schattenseite von mir selbst lebt der Bruder oder die Schwester? Oft verstehen wir einander nicht, weil wir unsere eigene Schattenseite, die wir verdrängt haben, beim andern sehen und sie dort ablehnen. Wenn wir aber den andern als einen Spiegel sehen, indem wir die eigenen verdrängten Schattenseiten erkennen, dann wächst das Verständnis für den andern. Wir hören auf, uns über ihn zu stellen. Wir nehmen ihn als Herausforderung, uns selbst besser zu erkennen.

Wenn ich den andern mit der Brille der archetypischen Bilder anschaue, kann ich mir manches erklären. Und ich entdecke hinter seiner Fassade noch andere Möglichkeiten, die in ihm stecken. So ist es eine wichtige Aufgabe der Geschwister, sich immer wieder darum zu bemühen, die anderen zu verstehen. Nur wenn wir versuchen, die andern Geschwister mit all ihren Begabungen und Schwächen zu erkennen, vermögen wir auch, füreinander einzustehen und miteinander all die Herausforderungen durchzustehen, die uns das Leben stellt. Das gilt vor allem im Alter, in dem die Krankheiten, die Beschwerden des Älterwerdens und das Altwerden an sich zu einer Aufgabe werden, die uns manchmal überfordert. Umso dankbarer dürfen wir sein, wenn wir im Alter wissen, dass die Geschwister zu uns stehen und bereit sind, alles, was uns belastet, mit uns durchzustehen.

8. VORAUSSETZUNGEN FÜR EIN GELINGEN DER GESCHWISTERLICHKEIT: DANKBARKEIT UND DEMUT

Ich bin dankbar für meine Familie. Sie war für mich immer ein wichtiger Bezugspunkt, durch meine Eltern und Geschwister habe ich viel Gutes erfahren und in der Gemeinschaft der Familie Halt gefunden, wenn ich dies gebraucht habe.

Mein Vater ist 1971 gestorben, meine Mutter im Jahr 2000. Bis zu ihrem Tod war meine Mutter die Schaltstelle für die Familie. Alle haben bei ihr angerufen. So wusste sie immer über alle Bescheid. Und so erfuhr man auch von ihr, wie es gerade den andern Geschwistern geht. Und beim Geburtstag der Mutter kamen alle Geschwister mit ihren Familien zusammen. Nach dem Tod meiner Mutter spürten wir, dass die jährlichen Feste fehlten. Es mehrten sich dann die runden Geburtstage der Geschwister. Das haben wir zum Anlass genommen, um uns alle zu treffen. Oder ich feierte 40- und später 50-jähriges Professjubiläum oder 40-jähriges Priesterjubiläum. Das waren immer auch Gelegenheiten, dass die ganze große Familie zusammenkam. Und wir haben es immer genossen, Zeit miteinander zu haben. Aber es gab auch Jahre, in denen es keine solchen Anlässe gab. So haben wir uns überlegt, wie wir uns trotzdem immer wieder mal treffen können. Wenn ich Urlaub mache, gehe ich seit vielen Jahren mit meinen Geschwistern eine Woche wandern, und die anderen beiden Wochen bleibe ich bei einem Bruder und bei einer Schwester. So werden die Bande zwischen uns immer wieder aufs Neue gefestigt.

In meinem Elternhaus in Lochham haben wir auf dem gleichen Grundstück gewohnt wie die Familie meiner Tante, der Schwester meiner Mutter. Wir waren sieben Geschwister, die Familie meiner Tante zählte sechs Geschwister. Über all die Jahre ist der Kontakt bestehen geblieben. Wir freuen uns, wenn wir uns auch mit meinen Cousinen und Cousins immer wieder einmal treffen. Je älter man wird, so ist mein Eindruck, desto größer wird das Bedürfnis, sich im Kreis der Geschwister und der Verwandten auszutauschen und über das zu sprechen, was jeden gerade bewegt.

Aber es geht nicht nur um die gemeinsamen Treffen. Es geht auch um die Art und Weise, wie die Geschwister miteinander umgehen. Im Alter fällt die Rivalität weg. Da muss ich dem andern nichts mehr beweisen. Jeder von uns lebt sein Leben und hat dabei Respekt vor dem, was der andere tut und wie er lebt. Und jeder nimmt Anteil am Glück, aber auch am Leid des andern, wenn jemand krank wird oder es Probleme mit den Kindern gibt. Keiner muss dem andern eine heile Welt vorspiegeln, etwa dass es den eigenen Kindern und ihren neuen Familien gut geht, wenn dem nicht so ist. Wir nehmen einfach Anteil am Leben der andern, ohne zu bewerten und ohne sich über andere zu stellen.

Ich war nie der Star der Familie, auch wenn dies manche angesichts meiner heutigen Bekanntheit meinen könnten. Mein Bruder Konrad war der beste Fußballspieler. Meine Schwester Marie Luise war die, die Sprachen am besten beherrschte. Peter war der Erste aus der Familie, der geheiratet und den Eltern Enkelkinder geschenkt hat. Michael war ein begnadeter Lehrer. Von ihm erzählten die Schüler, er sei der Einzige, der Mathematik und Physik so erklären kann, dass man es auch versteht. Und er ist ein bekannter Spezialist auf dem Gebiet der Quantenphysik. Vor einigen Jahren schrieb ich gemeinsam mit ihm ein Buch: »Die beiden Seiten der Medaille. Quantenphysik und Religion«. Meine Schwester Linda hielt, nachdem ihre Kinder groß waren, Kurse für Frauen. Auch mit ihr habe ich gemeinsam ein Buch geschrieben, mit dem Titel »Königin und wilde Frau«. Sie kann sich jetzt vor Anfragen nach Kursen und Vorträgen gar nicht retten. Meine jüngste Schwester Elisabeth hatte Pech mit ihrem Mann, der nicht mit Geld umgehen konnte. Sie hat sich von ihm scheiden lassen und es finanziell nicht leicht gehabt. Aber sie hat auch viel Energie entwickelt, nebenbei das Abitur gemacht und Psychologie im Fernkurs studiert. Jeder meiner Geschwister hat seine Qualität, die wir einander zugestehen. Wir freuen uns am Erfolg des andern.

Natürlich bin ich von meinen Geschwistern der Bekannteste. Aber das Gefühl, im Kreis meiner Geschwister zu sein, bewahrt mich vor der Gefahr, abzuheben. Und es freut mich, dass alle meine Geschwister an meiner Rolle teilhaben. Ich habe gerne mit meinen Geschwistern und danach mit zwei meiner Nichten Bücher geschrieben. So haben wir uns den Erfolg geteilt. Meine Großneffen und Großnichten lassen manchmal im Religionsunterricht verlauten, dass Pater Anselm ihr Großonkel ist. Das bringt ihnen öfters Pluspunkte ein, habe ich gehört. Aber sie machen das mehr mit Humor. Kinder wissen eben auch ihre Situation auszunutzen.

Wenn wir als Geschwister heute zusammen sind, spielt keiner von uns eine besondere Rolle. Wir freuen uns einfach aneinander.

Ich frage mich, was die Bedingungen sind, dass sich Geschwister auch nach dem Tod der Eltern gut verstehen. Da ist sicher die Dankbarkeit für die eigene Kindheit, für die gemeinsame Geschichte, die wir miteinander erlebt haben. Und so tauschen wir uns denn im Kreis meiner Geschwister gerne über Kindheitserlebnisse aus. Jeder hat da seine eigene Erinnerung. So habe ich mit großem Interesse den Erzählungen meiner ältesten Schwester gelauscht. Sie erzählte zum Beispiel, dass mein Vater in der Familie oft gesagt hat:

Hitler ist ein Verbrecher. Aber zugleich hat er der Tochter gesagt, sie dürfe davon nichts in der Schule sagen. Denn das hätte sofort zur Denunziation meines Vaters und eventuell sogar dazu geführt, dass man ihn verhaftet hätte. Viele sind damals wegen so etwas in ein Konzentrationslager gekommen und getötet worden. Auch weil ihn die eigenen Kinder verraten haben. Für uns war damals ganz klar: Wir halten auf jeden Fall als Familie zusammen. Und so ist es geblieben.

Eine andere Voraussetzung dafür, dass das Miteinander der Geschwister gelingt, ist die Demut. Demut heißt nicht, sich kleinzumachen, sondern mit beiden Füßen auf der Erde zu stehen. Wir wissen um unsere gemeinsame Geschichte. Jeder hat seine Begabung. Keiner erhebt sich über den andern. Und keiner hat es nötig, mit seinen Erfolgen anzugeben. Vielmehr freuen wir uns gemeinsam über die Erfolge. Meine Schwestern freuten sich, als mein Bruder und ich gemeinsam mit einer Moderatorin beim Schweizer Fernsehen ein Interview über unser Buch führten. Natürlich freuen sich meine Geschwister, wenn sie von Leuten hören, dass sie meine Bücher gerne lesen oder dadurch Wesentliches für ihr Leben erfahren. Aber deswegen heben sie mich nicht in den Himmel, sondern sehen mich genauso nüchtern wie vorher. Wenn wir uns unterhalten, so sprechen wir oft auch über die Probleme, die wir in Gesprächen von anderen Menschen erfahren. Dann sind wir immer wieder dankbar für unsere eigene, glückliche Kindheit. Und wir fragen uns, was das Geheimnis unserer Eltern war, dass aus uns allen etwas geworden ist. Sie waren sicher nicht die perfekten Eltern. Mein Vater hat erst sehr spät geheiratet. Er war schon 35 Jahre alt, als er meine Mutter geheiratet hat. Sie haben sich vorher nur ein halbes Jahr gekannt. Und sie waren sehr verschieden. Aber sie haben zusammengehalten. Und sie haben gemeinsam Verantwortung für ihre Kinder übernommen, uns dabei viel Freiheit gelassen. Wir sind zum Beispiel oft zu dritt als Geschwister mit unseren beiden Cousins mit dem Fahrrad und einem billigen Zelt nach Italien, Österreich und in die Schweiz gefahren, um auf Berge zu klettern. Unser Vater hatte da keine Angst. Er war stolz auf unseren Unternehmungsgeist. Wenn ich heute oftmals sehr ängstliche Eltern beobachte, dann bin ich dankbar für das Vertrauen, das der Vater damals in uns setzte. Und keiner von uns Geschwistern hatte das Gefühl, dass ein anderer von den Eltern bevorzugt worden wäre.

Wir telefonieren als Geschwister öfter miteinander. So wissen wir voneinander. Wir halten bewusst Kontakt. Die größeren Familientreffen, bei denen auch die Nichten und Neffen mit ihren Kindern dabei sind, haben dazu geführt, dass jetzt auch schon die Nichten und Neffen von sich aus gemeinsame Treffen vereinbaren, um sich miteinander auszutauschen. So besteht die Verbundenheit innerhalb unserer Familie weiter.

Ich erlebe das auch bei anderen Familien. Die Geschwister fühlen sich miteinander verbunden. Sie treffen sich gerne, machen Urlaub zusammen oder gehen für einige Tage miteinander wandern. Es gibt viele Gelegenheiten, die Verbundenheit zum Ausdruck zu bringen. Umso schmerzlicher erlebe ich Menschen, die von ihrer Familie völlig abgeschnitten sind. Dann fehlen Geschwister, die einen tragen, Cousins oder Cousinen, mit denen man Kontakt hat. Die Familie ist auseinandergefallen. Umso wichtiger ist es dann, wenigstens Freunde und Freundinnen zu haben, damit man nicht völlig isoliert wird.

Noch eine andere Haltung ist wichtig, damit das Miteinander gelingt: der Verzicht auf das Vergleichen. Solange sich Geschwister vergleichen, sind sie nie zufrieden.

Jeder lebt sein Leben. Jeder erfährt Glück und Unglück, geht durch Höhen und Tiefen, durch Freud und Leid, durch dick und dünn.

Dem einen widerfährt dabei öfters Gutes – der andere hat weniger Erfolg. Das liegt in der Natur der Sache. Vielleicht ist es in wenigen Tagen, Monaten oder Jahren umgekehrt?

Da verschließen sich alle Türen vor jemandem, dem früher scheinbar alles zu gelingen schien. Krankheit schränkt den Bewegungsradius ein. Beziehungen scheitern. Dann ist es gut, wenn man als Geschwister tröstend zur Seite steht. Und es ist wichtig, einander zu würdigen, anstatt sich zu vergleichen. Alles Unglück kommt aus dem Vergleichen, sagte Sören Kierkegaard.

Wenn man sich als Geschwister über lange Zeit kennt und erlebt, dann ist es einfach gut, immer wieder neu zu würdigen, was jeder aus sich und seinem Leben gemacht hat. Da gibt es kein Besser oder Schlechter. Ich wünsche mir, dass jeder sein Leben gut lebt und dankbar auf sein Leben schauen kann, auf seine Familie, auf all das, was mit ihm und seinen Kindern geschehen ist. Da ist nie immer alles gut. Da gibt es Schwierigkeiten, Schmerzen, Leid. Aber gerade wenn es einem der Geschwister nicht gut geht, braucht es die Solidarität mit ihm. Das Vergleichen würde nur Distanz schaffen. Wir würden uns auf diese Weise über ihn stellen, wenn ihn ein Schicksalsschlag trifft. Genauso wichtig ist es, sich am Glück des andern zu freuen. Auch da würde uns das Vergleichen daran hindern, sich mit dem andern zu freuen. Wir würden neidisch auf ihn schauen und uns vielleicht bedauern, dass wir nicht so viel Glück hatten.

Und noch eine Haltung ist wichtig, damit das Miteinander gut gelingt: das Vertrauen und die Offenheit. Natürlich gibt es verschiedene Weisen des Offenseins. Einem Beichtvater oder geistlichem Begleiter gegenüber habe ich eine andere Offenheit als den Geschwistern gegenüber. Es gibt Geheimnisse, die ich nicht mit den Geschwistern teile. Das darf so sein. Und ich erwarte auch nicht, dass die Geschwister mir alles erzählen. Ich bin nicht der Beichtvater meiner Geschwister. Es braucht den Respekt vor den Geschwistern und den Dingen, die sie nicht mit mir teilen möchten. Ich muss nicht in alles eindringen. Es ist die Haltung der Ehrfurcht, von der Romano Guardini gerne gesprochen hat. Die Ehrfurcht verzichtet darauf, alles vom andern zu wissen. Ich achte den andern mit dem, was er mir darbietet. Und ich erzähle ihm das, was für mich angemessen ist. Das Vertrauen und die Offenheit den Geschwistern gegenüber geben mir die Erlaubnis, ganz ich selber zu sein. Ich weiß, dass ich mit allem, was ich bin, von ihnen angenommen bin. Und das Gleiche wissen die Geschwister auch von mir, dass ich nicht bewerte, sondern sie so sein lasse, wie sie sind. Wir erzählen über das, was jeder erzählen möchte, ohne Angst, dass wir vor dem andern etwas verbergen müssten, aber auch ohne Zwang, alles preisgeben zu müssen.

Damit das Miteinander der Geschwister gelingt, muss sich jeder Einzelne mit seiner Vergangenheit aussöhnen und sich auf den Weg der Wandlung machen. Wer stehen bleibt, der ist immer unzufrieden. Und er erstarrt. Dann kann er sich nicht an seinen Geschwistern freuen. Er wird so die Unzufriedenheit über sein eigenes Leben auf die Geschwister projizieren. Jeder muss diesen Reifungsweg allein gehen. Wir können uns auf diesem Weg lediglich unterstützen. Aber die Bereitschaft, mich selbst auf den Weg zu machen, muss ich selber aufbringen. Wer sich immer als Opfer fühlt, dass er ungerecht behandelt wurde oder dass er von den Geschwistern nicht beachtet wird, der wird auch keine gute Beziehung zu ihnen aufbauen können.

Manche werden zum Opfer von ungerechter Behandlung in der Familie. Das tut weh. Aber wir dürfen nicht in dieser Opferrolle bleiben. Denn sonst geht von uns eine aggressive Energie aus. Die wird das Miteinander unter den Geschwistern stören. Nur wer ausgesöhnt ist mit sich selbst, wird fähig, sich mit den Geschwistern auszusöhnen. Und so ist der ehrliche Weg, sich seiner eigenen Wahrheit zu stellen, die Bedingung, dass man die Geschwister so achten kann, wie sie sind, ohne sich zu vergleichen und ohne sie zu bewerten.

Eine Bedingung, sich mit seiner eigenen Geschichte auszusöhnen, ist der Verzicht auf das Nachtragen. Es gibt Geschwister, die alles nachtragen. Sie können einem alles aufzählen, was in der Vergangenheit schiefgelaufen ist oder wo wir im Gespräch oder in der Begegnung nicht achtsam genug waren und sie verletzt haben. Es ist wichtig, all die alten Konflikte und Missverständnisse zu begraben. Das könnte mit einem persönlichen Ritual verbunden werden, indem ich all die Verletzungen, die ich erfahren habe, aufschreibe. Ich kann sie meinem Bruder oder meiner Schwester vorlesen oder aber einem Freund. Und dann sollte ich sie im Garten begraben und vielleicht einen Baum drauf pflanzen. Es wäre dann ein Versöhnungsbaum. Auf dem Mist der Vergangenheit wächst so etwas Neues. Noch besser wäre es, wenn ein gemeinsames Ritual der Geschwister möglich wäre. Alle Geschwister können für sich aufschreiben, was sie als Verletzungen durch die Eltern oder durch die andern Geschwister erfahren haben. Wenn sie wollen, können alle es vor den andern vorlesen. Aber es wäre auch möglich, das Geschriebene gemeinsam zu verbrennen, ohne es vorher noch einmal zu lesen. Dann sind alle beteiligt, und es macht auch Spaß, wenn man die Vergangenheit gleichsam in Rauch aufgehen lässt. Die Asche kann man dann auch vergraben und einen Versöhnungsbaum für die Familie darüber pflanzen. Vielleicht könnte man später manche Familienfeiern dann an diesem Versöhnungsbaum abhalten. Der Baum würde uns auf jeden Fall immer daran erinnern, dass wir die Vergangenheit losgelassen haben und darauf verzichten, sie zum Vorwurf gegen andere zu benutzen.

9. ABSCHIED VONEINANDER NEHMEN

Dass Geschwister irgendwann von den Eltern Abschied nehmen müssen, liegt im Lauf der Dinge. Die Eltern werden alt und sterben. Dann geht es darum, sich in einer guten Weise voneinander zu verabschieden, der Dankbarkeit Ausdruck zu verleihen oder mit all dem, was war, wirklich Frieden zu schließen.

Spätestens wenn man gemeinsam den Haushalt der Eltern auflöst, wird man Dingen begegnen, die Erinnerungen auslösen. Wann hat die Mutter dies zuletzt getragen, wann der Vater das letzte Mal an seiner Hobelbank gestanden? Wie schön waren die gemeinsamen Urlaube? Wie oft hat die Mutter uns aus diesem alten Kinderbuch vorgelesen, das schon ihr eigenes war? Zu welchen Festen wurden die guten Gläser aus dem Schrank geholt?

Im Geschwisterkreis immer wieder zu erzählen, was einem der Vater oder die Mutter bedeutet hat, kann helfen, die Trauer zu verarbeiten. Bei diesen Gesprächen dürfen natürlich auch die verletzenden Erfahrungen mit den Eltern angesprochen werden. Es gibt keine absolut heile Familie. Gerade dann, wenn die Eltern weder in den Himmel gehoben noch verteufelt werden, kann man sich dankbar an sie erinnern. In den gemeinsamen Gesprächen wird man vielleicht auch die Eltern mit ihrer eigenen Herkunftsgeschichte immer besser verstehen. Allerdings erlebe ich da auch Menschen, die die wohlwollenden Erzählungen ihrer Geschwister nicht ertragen können. Sie sehen die Eltern nur negativ. Sie klagen die Eltern an, dass sie schuld wären am Misslingen ihres Lebens. Doch damit verweigern sie die Verantwortung für ihr eigenes Leben. Irgendwann muss man sich mit seiner Geschichte aussöhnen, wie immer sie war. Wenn ich die Eltern nur schlechtmache, dann vergifte ich meine eigenen Wurzeln. Ich kann die Wurzeln reinigen, indem ich auch die verletzenden Erfahrungen anspreche. Allerdings gibt es auch die Gefahr, die Eltern nur zu verherrlichen. Ein Sohn lobte den Vater bis in den Himmel. Doch seine Geschwister hatten eine andere Erfahrung gemacht. Sie fühlten sich vom Vater nicht gesehen. Manchmal ist das Verherrlichen der Eltern auch ein Überspringen der wirklichen Kindheit. Man möchte nicht genau hinschauen. Deshalb verklärt man alles. Es ist immer gut, Licht und Schatten anzuschauen und dann für beides dankbar zu sein. Ich kenne Geschwister, die nicht mehr miteinander sprechen, weil einige das Gute an den Eltern betonen und die andern alles nur negativ sehen. Beide Sichtweisen decken etwas von den Eltern auf. Aber keine ist allein richtig. Wenn wir mit den verschiedenen Brillen der

Geschwister auf unsere Eltern schauen, können wir sie langsam realistisch sehen, mit allen Licht- und Schattenseiten. Aber wir legen die Eltern dann weder nur auf die Lichtseiten noch nur auf die Schattenseiten fest.

Schmerzlich wird der Abschied, wenn eines meiner Geschwister stirbt. In Gesprächen erfahre ich immer wieder, dass ein Bruder oder eine Schwester schon sehr früh nach der Geburt oder aber als Kind gestorben ist, entweder an einer heimtückischen Krankheit oder durch einen Unfall. Andere Geschwister sind später mit 20 oder 30 Jahren einem tödlichen Verkehrsunfall erlegen. Noch schmerzlicher ist es, wenn ein Bruder oder eine Schwester Suizid begangen hat. Dann verbreiten sich in der Familie Schuldgefühle: Warum haben wir es nicht rechtzeitig gemerkt, wie es um ihn stand? Haben wir ihn zu wenig beachtet? Weshalb haben wir nicht noch einmal mit ihm gesprochen, als wir uns das letzte Mal vor seinem Tod gesehen haben? Warum haben wir uns keine Zeit füreinander genommen? Wir sollen uns dann weder entschuldigen noch beschuldigen, sondern die Trauer um den Verstorbenen einfach Gott hinhalten und darauf vertrauen, dass der Tote uns keine Vorwürfe macht. Und wir sollen die verstorbenen Geschwister nicht vergessen, sondern die Erinnerung an sie in unser Leben integrieren. Sie sollen uns vom Himmel aus weiterhin auf unserem Weg begleiten.

Oft erlebe ich, dass verstorbene Geschwister verdrängt werden. Das geschieht vor allem dann, wenn sie sehr früh gestorben sind. Manchmal haben auch die Eltern die Totgeburt eines Kindes oder sein frühes Sterben in den ersten Jahren totgeschwiegen. Doch aus Erfahrungen bei der Familienaufstellung wissen wir, dass solche verschwiegenen Familiengeheimnisse sich immer auch auf die Geschwister auswirken. Der nächstgeborene Bruder oder die nächstgeborene Schwester übernimmt einen Teil des vor ihm/ihr verstorbenen Kindes. Sie erleben die Trauer der Mutter mit. Diese legt sich dann wie ein dunkler Schleier auf ihre eigene Seele. Auch in solchen Fällen ist es die Aufgabe der Familie, dass nicht nur die Eltern, sondern auch die Geschwister Abschied nehmen von dem verstorbenen Bruder oder der verstorbenen Schwester. Im Recollectiohaus frage ich meine Gesprächspartner immer, wie viele Geschwister sie haben. Dann erzählen sie mir die Reihenfolge, in der ihre Geschwister geboren wurden. Und sie erzählen mir auch von ihren früh verstorbenen Geschwistern. Aber manchmal sagt da einer: Normalerweise antworte ich auf die Frage nach meinen Geschwistern immer: Ich habe drei Geschwister. Aber in Wirklichkeit sind es vier. Denn der Bruder ist früh gestorben. Die Gesprächspartner merken dann selbst, dass es ihnen nicht guttut, das verstorbene Geschwisterkind zu verschweigen. Sein Platz in der Geschwisterreihe braucht eine eigene Würdigung. Sonst legt sich auch auf die Seelen der Geschwister ein grauer Schleier.

In unserem Gästehaus gebe ich Seminare für verwaiste Eltern zum Thema »Tod zur Unzeit«. Da kommt die Sprache immer wieder darauf, wie die Geschwister auf den Tod des Bruders oder der Schwester reagiert haben. Da gibt es Geschwister, die den Tod ihres Bruders oder ihrer Schwester verdrängen. Sie werden hart und wollen sich nicht der Trauer stellen. Gerade wenn sie eine gute Beziehung zum verstorbenen Bruder hatten, der durch einen Verkehrsunfall gestorben ist, fühlen sich nicht nur die Eltern verwaist, sondern auch die Kinder. Sie haben den Eindruck, ein ganz wichtiger Lebensgefährte wurde ihnen entrissen. Sie können das nicht einordnen. Und sie vermögen es deshalb nicht, sich der Trauer zu stellen. Die einzige Weise, die Trauer zu verarbeiten, ist dann, innerlich zu erstarren. Doch das ist nur ein zeitlich befristeter Schutz vor der Trauer. Irgendwann muss man sich der Situation stellen.

Andere reagieren ihre Trauer dadurch ab, dass sie gegen die Eltern und Freunde auf einmal sehr aggressiv werden. Manche Geschwister finden im Glauben Halt. Sie vertrauen darauf, dass der verstorbene Bruder oder die Schwester sich nicht aufgelöst haben, sondern jetzt bei Gott sind und sie vom Himmel aus begleiten. Sie suchen die verstorbenen Geschwister als Begleiter zu sehen, die ihnen den Rücken stärken. Das Gebet verbindet sie mit den Verstorbenen, die jetzt bei Gott sind. Andere wenden sich dann von Gott ab. Sie wollen nichts mehr von Gott wissen, der ihnen den geliebten Bruder, die geliebte Schwester genommen hat. Mit dieser Abwendung von Gott bestrafen sie manchmal auch die Eltern. Alles, was sie von Gott erzählt haben, ist durch den Tod des Bruders ad absurdum geführt worden. Die Eltern schmerzt es oft, wenn sich eines ihrer Kinder auf einmal demonstrativ gegen Gott wendet und nie mehr mit in die Kirche geht.

Andere Geschwister tun sich schwer mit dem Tod ihrer Schwester, wenn die Eltern nur noch um die verstorbene Schwester kreisen. Die Kinder haben dann den Eindruck, dass sie nicht nur von der Schwester, sondern auch von den Eltern verlassen werden. Die Eltern können sich oft auch nicht richtig um die anderen Geschwister kümmern. Sie sind zu sehr mit ihrer Trauer beschäftigt. Manche Söhne und Töchter erzählen mir auch, wie sie die Trauer ihrer Eltern gar nicht anschauen möchten. Denn die Eltern verklären die verstorbene Schwester. Und je mehr sie verklärt wird, desto mehr fühlen sich die überlebenden Geschwister übersehen oder gar entwertet. Auf einmal ist die Schwester fast eine Heilige. In Wirklichkeit haben die Geschwister sie als Schwester erlebt, die lieb sein konnte, die aber auch ihre Schattenseiten hatte. Und wenn die Beziehung zur Schwester nicht so gut war, dann bekommen die anderen Geschwister Schuldgefühle, wenn die Schwester in den Himmel gehoben wird. Die andern fühlen sich nicht ernst genommen. Sie kommen mit ihren sich widersprechenden Gefühlen nicht zurecht: Auf der einen Seite spüren sie den Schmerz der Trauer, auf der anderen Seite aber auch Ärger und Wut oder Neid und Eifersucht. Manche denken dann, wenn ich sterbe, werde ich wenigstens gesehen. Aber solange ich lebe, werde ich übersehen.

Eine Frau erzählte mir, dass ihre jüngere Schwester hochbegabt und auch sehr spirituell war. Sie ist in China bei einem häuslichen Unfall gestorben. Die Eltern laden jedes Jahr an ihrem Sterbetag ihre jugendlichen Freunde ein, gemeinsam in der Kirche eine Meditation zu halten. Die ältere Schwester organisiert diese Treffen. Sie hat ihre jüngere Schwester sehr geschätzt. Aber nach einigen Jahren spürt sie, dass alles nur um die verstorbene Schwester kreist. Jetzt kann sie nicht mehr mit voller Zustimmung die spirituellen Treffen organisieren. Sie spürt ihre eigenen Bedürfnisse. Sie möchte selbst leben. Und sie möchte von ihren Eltern auch beachtet werden.

Eine andere Frau erzählte mir, wie sehr sie ihren Bruder vermisst, der durch einen Verkehrsunfall umkam, als sie zwölf Jahre alt war. Der ältere Bruder hat sie immer gestützt und gestärkt. Und er hat an sie geglaubt. Sie war so stolz auf ihren Bruder. Jetzt fehlt er ihr. Und auch wenn der Unfall schon lange her ist, spürt sie immer noch den Schmerz, dass der Tod ihr den Bruder entrissen hat. Keiner kann dieser Frau den Bruder zurückgeben. Aber ich ermutige sie, dass sie ihren Bruder als inneren Begleiter wahrnehmen soll.

Er bleibt ihr Bruder, auch wenn immer wieder der Schmerz über den Verlust hochkommen wird.

Sie kann sich vielleicht fragen: Was würde er jetzt tun? Was würde er mir jetzt sagen, raten? Sie kann im Gebet um Begleitung und Bewahrung in schwierigen Situationen bitten. Dass ihr der Rücken gestärkt wird.

Im letzten Jahr ist meine älteste Schwester gestorben. Sie war die Einzige aus dem Kreis meiner Geschwister, die nicht verheiratet war. Aber sie hat sich immer sehr um die Familie gekümmert. Sie hat die Nichten und Neffen eingeladen und für sie gekocht. Denn da sie lange in Italien war, konnte sie wunderbar italienisch kochen. Es war uns allen ein Anliegen, ihr eine würdige Beerdigungsfeier zu gestalten. Ich habe die Predigt gehalten. Die Fürbitten haben mein Bruder und eine Nichte vorgetragen. Und ich habe meine beiden Schwestern gebeten, in der Leichenhalle noch ein paar persönliche Worte über sie zu sprechen. Die beiden jüngsten Schwestern waren öfter mit ihr gemeinsam in Italien bei einer Freundin in Urlaub. So haben sie viel mit ihr erlebt.

In meiner Predigt war es mir wichtig, meine Schwester in ihrer Besonderheit zu beschreiben. Daher möchte ich meine Predigt hier mit Ihnen teilen, damit Sie, liebe Leserin, lieber Leser, ein Gespür bekommen, was unsere Schwester uns bedeutet hat und weiterhin bedeutet. Denn wir haben seit ihrem Tod immer wieder über sie gesprochen. Und wir haben nach ihrem Tod von vielen Menschen, gerade auch aus Frankreich, Italien und Spanien, Post bekommen, die das Besondere meiner Schwester zum Ausdruck brachten.

Liebe Schwestern, liebe Brüder!

Gestern habe ich bei meinem Kurs »Finde deine Lebensspur« eine Fantasieübung mit den Gästen gemacht: Ich stelle mir vor, ich begegne einer Person, die mir drei Geschenke übergibt. Bei dieser Fantasie-

übung bin ich in meinen Gedanken Marie Luise begegnet. Als erstes Geschenk hat sie mir das Buch von Ignazio Silone gegeben: »Brot und Wein«. In diesem Buch gibt es eine wunderbare Szene, in der der Vater bei der Beerdigung seines Sohnes das Brot für seine Freunde bricht. Es ist das Brot, in das die ganze Leidenschaft des Sohnes hineingeströmt ist. Und er teilt den Wein, der voll ist von der Liebe des Sohnes. Marie Luise will in dieser Eucharistiefeier mit uns das Brot brechen, das sie genährt hat, und den Wein teilen, der sie mit Freude erfüllt hat. Als zweites Geschenk übergab sie mir das Buch von Primo Levi »Dies ist ein Mensch«. Das war die Frage, die Marie Luise ständig bewegt hat: Wer ist der Mensch? Wie werde ich Mensch? Und als drittes Geschenk übergab sie mir eine CD mit einer alten Aufnahme der c-Moll-Messe von Wolfgang Amadeus Mozart, in der es auch um das Geheimnis der Menschwerdung geht.

Ich möchte heute über diese drei Geschenke nachdenken. Das Brot, das Marie Luise mit uns bricht, das ist erfüllt von ihrem Mut, in die Fremde, in die Weite aufzubrechen. Wie Abraham ist sie ausgezogen, ohne immer zu wissen, wohin sie kommt. Aber sie hatte Vertrauen und Mut. Den hat sie vom Vater geerbt. Als sie 1955 – zehn Jahre nach Kriegsende – als Au-pair nach Gap in Frankreich ging, meinten viele, das sei zu gefährlich, die alte Feindschaft zwischen den Völkern sei doch immer noch da, da machte ihr unser Vater Mut: »Mädchen, du gehst und baust Brücken.« Und diesem Motto ist sie treu geblieben. Sie hat immer Brücken gebaut.

Sie kam in Frankreich in eine evangelische Familie und hat so als Katholikin Brücken zwischen den Konfessionen gebaut. Und sie hat Brücken zwischen den Völkern gebaut. Diese Brücken haben bis heute gehalten. Die Kinder und Enkelkinder der Freunde in Spanien und Frankreich und Italien hatten mit ihr noch bis zuletzt Kontakt. Und es gab immer wieder Besuche in beide Richtungen.

In Frankreich, Spanien und Italien war Marie Luise offen für das Fremde. Sie wollte wissen, was der Mensch ist, wenn er in einem andern Land lebt und dessen Kultur begegnet. Da trieb sie die Frage von Primo Levi um: »Dies ist ein Mensch«. Und für sie lautete die Antwort: Das ist ein Mensch, der Freund des Menschen ist. Und das ist sie zeit ihres Lebens selbst geworden: die Freundin vieler Menschen. Als sie nach ihren Jahren im Ausland in die Heimat zurückgekehrt ist, da ist sie im Institut für Katechetik und Homiletik für viele Studenten, vor allem für viele ausländische Studenten, so etwas wie eine Freundin geworden. Sie, die hier nie ganz daheim war, hat vielen Studenten Heimat geschenkt. Zu ihr kamen die Studenten gerne ins Büro. Da gab es Kaffee, da konnte man über alle Sorgen sprechen. Da haben sie miteinander das Brot gebrochen und den Wein geteilt. Das hat die Menschen lange genährt und mit Freude erfüllt.

Mich haben immer wieder ehemalige Studenten angesprochen, Studenten, die dann irgendwo in der Welt Professoren geworden sind. Sie haben sich gerne an Marie Luise erinnert. Vielen hat sie geholfen, ihre

Arbeiten in ein gutes Deutsch zu übersetzen. So ist von ihr viel Segen für die Studenten aus aller Welt ausgegangen.

Noch eine andere Definition auf die Frage von Primo Levi hat Marie Luise für sich selbst gegeben: Das ist ein Mensch, der Schwester und Bruder ist für viele. Marie Luise war uns allen eine liebe Schwester. Sie hat sich immer für ihre Brüder und Schwestern interessiert. Sie hat gerne angerufen und sich erkundigt, wie es den Einzelnen geht. Sie hat ihr Brot und ihren Wein mit uns geteilt. Sie hat gerne gekocht, nicht nur für die Geschwister, sondern auch für ihre Nichten und Neffen, die gerne zu ihr kamen. Mit den beiden jüngsten Schwestern ist sie nach Italien gefahren und wollte ihnen die Schönheit italienischer Kirchen und Museen zeigen, in einem Alter, in dem Linda und Elisabeth ganz andere Interessen hatten. Aber sie hatte Geduld mit ihren Schwestern. Sie wollte sie teilhaben lassen an dem, was sie erfahren hat.

Die Frage nach dem Menschen hat Marie Luise ihr Leben lang umgetrieben. Marie Luise hat viel gelesen, besonders gerne italienische Literatur. Als junges Mädchen ging sie schon in die Vorlesungen von Romano Guardini. Sie wollte wissen, wie es um das Geheimnis des Menschen bestellt ist. Dabei war ihr immer auch der Glaube ein Schlüssel, der die Tür aufschließt zum Geheimnis des Menschseins – und für das Geheimnis Gottes. Ihr Leben lang hat sie sich für eine lebensnahe Auslegung der biblischen Texte interessiert. Und sie hatte einen Sinn für Musik.

Gerne ging sie in Konzerte. Da ging ihr Herz auf. So mag ihr jetzt das Herz aufgehen, da sie das, was Mozart mit der wunderbaren Arie »et incarnatus est« gemeint hat, jetzt in der himmlischen Musik hören kann, die all das hier Gehörte in Vollkommenheit erklingen lässt.

Marie Luise hat immer nach einer anderen Heimat gesucht, wie es der Hebräerbrief sagt. Gerade in den letzten Jahren hat sie offen über ihren Tod gesprochen. Sie hatte keine Angst davor. Sie wusste, dass sie nach den langen Wegen zwischen den Ländern nun für immer eine Heimat findet, in der sie das erleben kann, was sie mit Heimat immer verbunden hat: einfach da zu sein, ohne bewertet zu werden, geborgen sein, verstanden werden, geliebt werden. Sie hat am eigenen Leib erfahren, was der jüdische Philosoph Ernst Bloch von der Heimat sagt: »Heimat ist das, was jedem in die Kindheit scheint, worin aber noch niemand war.« Marie Luise hat eine glückliche Kindheit gehabt. Da hat sie Heimat erfahren. Aber das alles war nur Vorschein für das, was sie jetzt erwartet an ewiger Heimat.

Im Evangelium hörten wir von der Wohnung, die Christus uns bereitet hat. Er ist uns vorausgegangen in die Wohnung, die jetzt schon geschmückt ist mit der Liebe, mit der er uns geliebt hat. Aber diese Wohnung ist auch geschmückt mit all den Erfahrungen, die die Menschen, mit denen wir unser Leben geteilt haben, im Tod mit sich genommen haben. Marie Luise hat vieles mit uns geteilt, ihr Brot und ihren Wein, ihre

Erfahrungen im Ausland, ihren Mut, schon als Mädchen mit ihrer Freundin allein durch Deutschland zu radeln, ihre Offenheit, ihre Liebe zu den Geschwistern, ihre Freude bei den Familienfesten und die Freundschaft mit vielen Menschen. Marie ist die Erste aus der Geschwisterreihe der Familien Küpper-Grün. Sie schmückt die Wohnung, die uns im Tod erwartet, mit all den Erlebnissen, die sie mit uns geteilt hat und an die wir heute dankbar denken. So mischt sich in die Trauer um den Verlust unserer ältesten Schwester die Dankbarkeit für all das, was sie uns gegeben hat.

Wir denken heute voller Dankbarkeit an Marie Luise. Wir werden weiterhin nachdenken, was sie bewegt hat, was sie gefühlt hat, was sie im Innersten angetrieben hat. Wir werden versuchen, ihre Botschaft immer mehr zu verstehen, die sie durch ihr Leben und durch ihr Sterben an uns richtet. Wir werden weiterhin das Brot miteinander brechen, das sie uns hinterlassen hat, und den Wein miteinander teilen, den sie uns durch ihr Leben geschenkt hat. Und wir vertrauen darauf, dass sie uns vom Himmel aus weiter begleitet, damit auch wir den Weg durch alles Fremde hindurch in die Wohnung unseres eigenen Herzens finden und in dieser Wohnung uns verbunden fühlen mit der ewigen Wohnung, in der sie jetzt schon ist und die uns alle einst erwarten wird. So wie sie uns voraus war im Leben, so ist sie uns auch voraus im ewigen Leben. So sind wir voller Vertrauen, dass sie jetzt all das gefunden hat, was sie hier ihr Leben lang gesucht und wonach sie sich gesehnt hat. Amen.

Wenn einer aus der Reihe der Geschwister stirbt, ist es immer eine Mahnung an die andern. Einer von ihnen wird der Nächste sein. Und der alte Zusammenhang zwischen den Geschwistern erfährt eine Lücke. Daher ist es wichtig, die verstorbene Schwester, den verstorbenen Bruder angemessen zu betrauern. Zum Betrauern gehört, den Schmerz zuzulassen, dass man sich von einem Geschwister verabschieden musste, mit dem man sich sein ganzes Leben lang verbunden gefühlt hat. Und zum Betrauern gehört das Würdigen des Verstorbenen. Es ist gut, wenn die verbleibenden Geschwister viele Erinnerungen austauschen.

Meine Geschwister haben die Wohnung meiner Schwester ausgeräumt. Dabei wurde ihnen bewusst, wie viel meine Schwester gelesen hat, für wie viele Themen sie sich interessiert hat und mit wie vielen Menschen sie freundschaftlich verbunden war. Indem man die Bücher betrachtet, die die Verstorbene gelesen hat, erkennt man, woraus sie gelebt hat, was für sie von Bedeutung war. Was waren denn Quellen, aus denen sie geschöpft hat?

Und meine Geschwister haben beim Räumen der Wohnung viele Briefe gefunden, von Menschen aus aller Welt. Die Briefe zeigten, wie viele Menschen – gerade in Italien, Frankreich und Spanien – meine Schwester schätzten.

Manchmal geht einem erst im Tod das Geheimnis der eigenen Schwester, des eigenen Bruders auf. Und es ist gut, das Geheimnis zu würdigen und dankbar zu sein für die Zeit, die wir gemeinsam mit unseren Geschwistern gelebt haben.

Wir sagen im Deutschen ja von einem, der stirbt: Er hat das Zeitliche gesegnet. Das ist ein schöner Ausdruck. Beim Tod meiner ältesten Schwester hatten wir den Eindruck, dass sie für uns zum Segen geworden ist. Wir alle leben von dem, was sie in uns angerührt hat, wofür sie eingetreten ist. Und sie hat unser Leben erweitert, gerade auch durch die vielen Freundschaften zu ihren italienischen, spanischen und französischen Freunden.

Ein Segen der verstorbenen Schwester, des verstorbenen Bruders kann es sein, dass die Geschwister noch näher zusammenrücken, dass sie noch dankbarer werden für ihr Miteinander, das sie trägt – auch durch den Tod eigener Familienmitglieder hindurch.

Beim Tod eines der Geschwister, aber auch beim Tod der Eltern geht es auch darum, wer danach welche Rolle im Kreise der Geschwister einnimmt. Manchmal übernimmt der Nächstältere die Rolle des Verstorbenen, manchmal aber verteilen sich die Aufgaben, die die oder der Verstorbene im Geschwisterkreis innehatte, auf verschiedene Personen. Die Fantasieübung, in der ich mir vorgestellt habe, dass meine Schwester mir entgegenkommt und mir drei Geschenke überreicht, habe ich auch mit meinem Vater und mit meiner Mutter gemacht. Jedes Mal habe ich andere Geschenke erhalten. Beim Vater war mir ein grüner Stein wichtig, den er mir überreicht hat. Da spürte ich, dass all das Erbe, das mit der Familie Grün verbunden ist, die Essenz unserer langen Familiengeschichte, darin zusammengefasst war. Und es war für mich ein Auftrag, das Wesen der »Grün'schen Familie« in mir zu bewahren, das ich bei meinem Vater als Hoffnung, Vertrauen und Freiheit erlebt habe. Mein Vater hat uns erzählt, dass seine Vorfahren im 16. Jahrhundert spanische Juden waren, die wegen der Zwangstaufe aus Spanien ausgewandert sind und sich in der Eifel niedergelassen haben. So bedeutet der grüne Stein für mich auch, die jüdische Vergangenheit, die jüdische Spiritualität als einen wichtigen Teil meiner Person und meines Christseins in mir lebendig zu halten. Und der Stein erinnert mich an das, was mein Vater in seinem Leben verwirklicht hat. Er ist jedem Menschen mit Wohlwollen begegnet, und er war auch als Geschäftsmann immer ein spiritueller Mann. Meine Mutter übergab mir in der Fantasiereise ihren Rosenkranz, mit dem sie täglich für ihre Kinder und Enkelkinder gebetet hat. Und sie übertrug mir die Aufgabe, für meine Geschwister und ihre Familien, für ihre Kinder und Enkelkinder zu beten, damit alle unter dem Segen Gottes stehen. Und diese Rolle meiner Mutter habe ich gerne für meine Familie übernommen. So findet wohl jeder der Geschwister, wenn er den Tod der Eltern und der Geschwister bedenkt, was nun seine Aufgabe in der Großfamilie sein soll. Eine Cousine von mir hält nach dem Tod ihrer Mutter ihre Geschwister zusammen und lädt sie immer wieder ein. Sie hat die Rolle ihrer Mutter übernommen. Und darin fühlt sie sich wohl. Das tut der ganzen Familie gut. Meine Schwester Linda hat großes Interesse, die Vorfahren von Vater und Mutter zu erforschen. Darin hat sie etwas vom Vater übernommen, dem die Wurzeln der eigenen Familie wichtig waren. Die Wurzeln können die Geschwister auch miteinander verbinden.

Sie vermitteln ihnen etwas, das sie miteinander prägt und verbindet. Und die Wurzeln nähren sie und geben ihrem Leben eine eigene Würze.

Ich kenne auch Männer und Frauen, die eine heillose Angst haben, dass ihre Eltern sterben könnten. Es tut uns gut, wenn wir uns an die Eltern anlehnen und aus ihrer Liebe leben können. Aber es ist unsere Aufgabe, an die Stelle der Eltern zu treten. Wir sollen sie nicht kopieren. Doch es geht darum, jetzt selbst für andere Vater und Mutter und Großvater und Großmutter zu werden. Wir spielen dann ähnliche Rollen wie unsere eigenen Eltern und Großeltern. Aber wir spielen diese Rollen auf unsere ganz persönliche Weise. Wenn wir bereit sind, diese Rollen zu übernehmen, dann werden wir die Angst vor dem Verlust der Eltern verwandeln in eine neue Lebendigkeit hinein.

Die Trauer nach ihrem Tod wird trotzdem bleiben. Die Trauer schmerzt nicht nur. Sie ist auch eine Fähigkeit, Abschied zu nehmen. Und Abschied nehmen, um meine eigene Rolle neu zu finden, um meine wahre Identität zu erkennen, ist ein wichtiger Schritt auf dem Weg der Selbstwerdung. Die gute Beziehung zu den Geschwistern hilft uns dabei, die Trauer gemeinsam zu bewältigen und miteinander die Verwandlung der Trauer in Dankbarkeit und Lebendigkeit zu erleben.

SCHLUSS

Geschwister zu haben ist ein Thema, das jeden betrifft. Denn auch der, der keine hat, wird davon berührt. Er bedauert es, keine Geschwister zu haben. Und er freut sich, wenn er in eine Familie einheiratet, in der die Geschwister gut miteinander auskommen. Er wird dann in die große Familie mit hineingenommen. Das tut ihm gut. Es kann aber auch sein, dass er durch die Heirat in eine Familie kommt, in der die Geschwister miteinander zerstritten sind. Dann wird er sich in der Auseinandersetzung mit der Familie dankbar an die Kultur des Miteinanders in der eigenen Familie erinnern. Und er steht vor der Herausforderung, mit den Geschwistern seines Ehepartners gut umzugehen.

Jeder wird es immer mit Menschen zu tun haben, die Geschwister haben. In der Firma wird er wahrnehmen, dass manche Konflikte zwischen Mitarbeitern in Geschwisterkonflikten ihren Ursprung haben. Und er wird das Verhalten mancher Mitarbeiter verstehen, wenn er dessen Beziehungen zu seinen Geschwistern mit einbezieht. Auch in seinem Freundeskreis wird er die verschiedensten Geschwisterkonstellationen miterleben. Und er wird seine Freunde besser verstehen, wenn er auch deren Beziehungen zu den Geschwistern anschaut.

Jeder macht mit seinen eigenen Geschwistern, so er welche hat, andere Erfahrungen. Viele sind dankbar für ihre Geschwister. Sie fühlen sich von ihnen angenommen und getragen. Sie wissen, wo sie hinkönnen, wenn es ihnen nicht so gut geht. Wenn einen etwas sehr belastet, geht man nicht zu allen Geschwistern, sondern vielleicht nur zu der jüngeren Schwester oder zum älteren Bruder, zu dem man einen besonders guten Draht hat. Man weiß, dass man ihr oder ihm alles sagen darf. Dass man Vertrauen haben kann, dass sie einen nicht bewerten, sondern dass das geschwisterliche Band durchträgt, auch wenn man einen Weg geht, der nicht mit den Normen der Familie übereinstimmt. Ich erlebe das oft im Recollectiohaus, wenn z.B. ein Priester sein Amt aufgibt. Dann sagt er es immer auch seinen Geschwistern und macht damit die unterschiedlichsten Erfahrungen: Die einen können ihn nicht verstehen. Andere akzeptieren seine Entscheidung sofort. Wenn das Miteinander der Geschwister gut ist, dann werden auch die Geschwister, die sich mit seiner Entscheidung schwertun, sie trotzdem mittragen. Er hat dann vielleicht eine andere Rolle im Kreis der Geschwister. Aber auch das gehört zu einem guten Miteinander der Geschwister, dass niemand für immer auf etwas festgelegt wird. Sondern dass die gemeinsamen Bande, die man als Kind unabhängig von jeder Rolle erlebt hat, auch später das Miteinander ausmachen. Dass sie einen im besten Sinne halten. Die Erfahrung von Geschwistern, die einen mittragen, ist heilsam für jeden Menschen. Sie gibt uns die Kraft, persönliche Krisen zu bewältigen. Sie stärkt uns auch, wenn wir krank sind, wenn wir mit eigenen Schwächen konfrontiert werden.

So möchte ich mit diesem Buch und den Erfahrungen, die ich darin beschrieben habe, alle Geschwister ermutigen, sich um ein gutes Miteinander zu bemühen.

Denen, die sich von ihren Geschwistern getragen fühlen, wünsche ich, dass sie das dankbar annehmen und dieses Geschenk auch weiter pflegen, weil es so wertvoll ist.

Denen, die aus irgendeinem Grund, den ich nicht bewerten möchte, mit Geschwistern verfeindet sind, wünsche ich die Hoffnung, dass die Feindschaft sich wandelt in eine neue Solidarität. Und zugleich wünsche ich ihnen, dass sie einen Weg finden, sich nicht von den negativen Einflüssen einer zerrütteten Familie bestimmen zu lassen. Wenn das Miteinander nicht gelingt, dann gibt es trotzdem den Weg, für sich selbst zu sorgen und dankbar seinen eigenen Weg zu gehen. Diesen Weg werde ich aber immer auch als Reaktion auf die Geschwister gehen, einmal aus dem Betrauern über die zerbrochenen Geschwisterbande heraus, zum andern aber auch mit dem Ehrgeiz, gerade deshalb daran zu arbeiten, dass ich ganz ich selber werde. Dieser einmalige Mensch, als den Gott mich geschaffen hat.

Meine Geschwister, die keinen Kontakt mehr mit mir haben, erinnern mich dann ständig daran, dass auch ich in meinem Leben scheitern könnte. Umso achtsamer und dankbarer werde ich mein eigenes Leben leben. Denn ich weiß, jedes Leben ist zerbrechlich. Es steht mir nicht zu, über andere zu urteilen. Ich darf dankbar sein, wenn mein Leben gelingt, und wenn ich immer wieder einmal ein Segen sein darf für andere Menschen.

Denen, die nur einen lockeren Kontakt zu den Geschwistern haben, weil sie sich nicht viel zu sagen haben, weil sie sich so anders entwickelt haben, wünsche ich die Neugier, den Bruder oder die Schwester mit neuen Augen anzuschauen. Vielleicht erkennen sie dann andere Seiten an den Geschwistern. Und sie können auf einmal verstehen, warum sie so geworden sind. Das Verstehen ist dann schon der erste Schritt für eine bessere Beziehung zu den Geschwistern. Diesem Schritt folgt dann die Freude über das Wiederfinden der Geschwister, über eine neue und fruchtbare Beziehung zu ihnen.

So wünsche ich den Leserinnen und Leser, dass sie einen neuen Blick auf ihre Geschwister werfen, dass sie das Geheimnis jeder Schwester und jedes Bruders neu bedenken und dass sie voller Dankbarkeit auf das Geschenk schauen, Geschwister zu haben. Dann werden auch die Differenzen, die manchmal auftauchen, überbrückt werden. Die Dankbarkeit stärkt das Band der Verbundenheit, und sie richtet unseren Blick auf all das Wertvolle, das wir durch die Geschwister in unserem Leben erfahren haben. Ein Getragensein, das wir hoffentlich auch weiterhin erfahren dürfen.

Wer diese guten Erfahrungen nicht machen kann, entweder weil er keine Geschwister hat oder weil die Beziehung zu den Geschwistern problematisch ist, dem wünsche ich, dass er trotzdem seinen Weg findet. Dem Einzelkind wünsche ich, dass es in eine Familie kommt, in der gute Geschwisterbeziehungen herrschen. Dann kann er vieles in seiner Entwicklung nachholen, was er als Einzelkind nicht erfahren konnte. Dem, der eine problematische Geschwisterbeziehung hat, wünsche ich, dass er sein Alleinsein akzeptiert. Obwohl er zu einer Familie gehört, fühlt er sich allein. Er sollte das Alleinsein als Chance für sich sehen, zu reifen, mit sich allein zurechtzukommen und das Alleinsein in ein All-eins-Sein zu verwandeln. Dann wird sein Leben auch gelingen. Und ich wünsche ihm, dass er die Geschwister, die ihm fremd erscheinen, nach und nach besser versteht. Durch das gegenseitige Verständnis kann eine neue Basis für die Geschwisterbeziehung entstehen. Ich wünsche ihm, dass er für seine Geschwister zum Segen wird und dass seine Geschwister für ihn ein Segen sind. Der Segen kann wie ein schützender und wärmender Mantel sein, der uns einhüllt. Wenn Gottes Segen und wenn der Segen der Geschwister uns umgibt, dann können wir mit Vertrauen und Hoffnung unseren Weg gehen, und voller Dankbarkeit, dass wir uns getragen fühlen von Gott und von den Geschwistern.

QUELLENHINWEISE

1 König 58
2 Ebd. 58
3 Moser 11
4 Ebd. 10
5 Ebd. 10
6 Ebd. 11
7 Vgl. Prekop, Seiten 121–125
8 Seifert, Vorwort zu Brüderchen und Schwesterchen 7
9 Prekop, Seite 63
10 Prekop, Seite 66 f.
11 Kinderpsychologie 454
12 Ebd. 455
13 Ebd. 456
14 Ebd. 457
15 Grimms Märchen 427 f.
16 Evagrius Ponticus, Gebet, Kapitel 21

LITERATUR

Ilse Aichinger, Engel in der Nacht. Erzählung, Frankfurt 1987.

Eugen Drewermann, Die zwei Brüder. Grimms Märchen tiefenpsychologisch gedeutet, Solothurn 1995.

Peter Härtling, Große, kleine Schwester. Köln 1998.

Karl König, Brüder und Schwestern. Geschwisterfolge als Schicksal. Stuttgart 1967.

Tilmann Moser, Meine Zornesfalte. Sie ist mein Kainsmal und zugleich meine Kraftquelle, in: Publik Forum Extra. März 2018, 10 f.

Paul Henry Mussen, John Janeway Conger, Jerome Kagan, Lehrbuch der Kinderpsychologie. Stuttgart 1976.

Jirina Prekop, Erstgeborene. Über eine besondere Geschwisterposition. München 2002.

Theodor Seifert, Vorwort zu: Linde von Keyserlingk, Brüderchen und Schwesterchen. Eine ganz besondere Liebe. Zürich 1988.

Werner Waldmann, Die Schwestern Brontë. Hamburg 1990.

FSC
www.fsc.org
MIX
Papier aus verantwortungsvollen Quellen
FSC® C083411

Originalausgabe August 2018

Ein Imprint der Verlagsgruppe
Droemer Knaur GmbH & Co. KG, München

Vier-Türme-GmbH, Münsterschwarzach

Konzeption & Lektorat: Stefan Wiesner
Gestaltung & Satz: Maike Michel
Coverabbildung: oatawa/Shutterstock.com
Druck und Bindung: CPI books GmbH, Leck
ISBN 978-3-96340-024-7 (bene! Verlag)
ISBN 978-3-7365-0151-5 (Vier-Türme-Verlag)

2 4 5 3 1